シリーズ「遺跡を学ぶ」
071

国宝土偶「縄文ビーナス」の誕生

棚畑遺跡

鵜飼幸雄

新泉社

国宝土偶「縄文ビーナス」の誕生
―棚畑遺跡―
鵜飼幸雄

【目次】

装幀 新谷雅宣
本文図版 中原利絵

第1章　縄文ビーナスの発見

1　夕日に照らされた土偶

縄文ビーナス誕生

竹ベラでわずかに出ていた部分を掘り始めました。土器片だと思ったんですが、少しずつ形が現れ土偶と分かってびっくり。胸をどきどきさせながら調査員の人と丁寧に掘り、やがて見たこともない大きな土偶《どぐう》が完全な形で姿を現したときは、経験したことのない感激でした。もう夕暮れ時刻だった。四千年余の眠りから覚めた土偶を、西に傾いた太陽が、スポットライトのように照らしていた。廃土の山にはイヌタデが真っ赤にもえていた。こんな歌ができた。

「掘り進み膨らむ胸に触れしとき　わが血土偶に流るる覚ゆ」

いま、日本だけでなく、広く海外の多くの人びとから「縄文のビーナス」の愛称で親しまれ、縄文時代の文化財として最初の国宝となった棚《たな》畑《ばたけ》遺跡の大型土偶は、一九八六年九月八日、同遺跡の縄文集落の一角から、忽然と姿をあらわした（図1）。

右の文章は、第一発見者となった関喜子《せきよしこ》さん（主婦で、諏訪地方の多くの遺跡調査に参加していた）が、地元の新聞紙上で語った回顧談の一節である。

全高二七センチという類をみない大型土偶が完全な形で、しかも縄文集落の中心部に近

図1●国宝土偶の出土状況
作業を終えようとしていた夕刻に発見。夕日に照らされて輝いていた。

い土壙《どこう》（人の手で掘られた穴）のなかに、原位置のままで出土するという光景を目にすることなど、おそらく一〇〇年をこえる日本考古学史でも記憶にないことであろう。

山の端に落ちかかった高原の太陽の光を浴びて、浅い土壙の底に静かに横たわってその完形の土偶が全身をあらわした時、数十人の調査員全員が思わず一瞬息をのみ、しばらくたって十人十様の感歎の声をあげ、発掘現場は一時間を過ぎて異様な興奮に包まれ続けたという。まさに「縄文ビーナス誕生」の瞬間の光景は言葉ではあらわすことのできない感動のルッポであった。

図2 ● 出土状態
浅い土壙の底に顔を外側（西側）に向け横たわっていた。大型の土偶が完全な形のまま発掘されるのは非常にめずらしい。

これは発見から二年後の一九八八年、東京・上野の国立科学博物館で開催された「日本人の起源展」に、縄文ビーナスがはじめて地元をはなれて出品された時、発見の情景を説明した文章の一節である。発見現場の歓喜が伝わってくるようだ。そして、土偶の本体とともに展示された、大きく引き伸ばされた写真は「縄文ビーナス誕生」と題されて、多くの観客の目を釘づけにした。ちなみに、その撮影者は、関さんとともに第一発見者となった調査員の守矢《もりや》昌文《まさふみ》であった。

明治大学の戸沢充則教授（当時）は、発掘後まもなく、この大型土偶を「縄文のビーナス」という愛称で呼びたい、そして、これは国宝級の土偶であると希望を込めたコメントを述べた。現在、その希望が実現しているので、本書でも、この大型土偶を「縄文ビーナス」と呼称することにする。

浅い土壙のなかに横たわる

縄文ビーナスは、棚畑遺跡の環状集落のほぼ中央、集落の広場とみられる場所にあった土壙（第五〇〇号）から出土した。住居址が環状にめぐり、内側は広場空間で、ここには主として墓とみられる遺構が発掘されている（図15参照）。

土壙と呼んだ、それら墓穴とみられる遺構の大きさはさまざまだが、だいたいが径一五〇センチ、深さ五〇センチ程度である。しかし、縄文ビーナスが出土した第五〇〇号土壙は、大きさが七九×七〇センチと小型の楕円形で、深さも一八・五センチと浅い穴である。周辺の遺構にくらべると見落とすほど不鮮明で、掘り込みも粗い遺構であった。

縄文ビーナスは、この遺構の南側の壁際で、土壙の底よりわずかに高く、体の右側を下にした横臥の状態で出土した（図2）。横臥といっても体は水平でなく、頭部がわずかに高く、したがって脚部が低い。顔は土壙の外側（西側）を向いていた。

2 豊饒の女性像

完璧な造形と高い技術

縄文ビーナスは、高さ二七センチ、幅一二センチ、厚さ九・二センチ、重さ二・一四キログラムの立像土偶である（図3）。

顔は小さなハート形に縁どられ、切れ長のつり上がった目と小さく開けられた口、鼻には針を刺したような小さな孔がある（図4①）。その顔つきは中部地方から関東地方にかけて、縄文中期中葉に作られた土器の顔面表現によくみられる表情である。

頭部は被り物を被ったような表現で、細かな文様装飾が施されている。頂部は平らで、中心の凹みから太い線で渦巻文《うずまきもん》が描かれている（図4②）。庇《ひさし》状の頭部前面は三角陰刻文《さんかくいんこくもん》へ続く二本の沈線《ちんせん》で縁どられている。

右側面は頂部の渦巻文から下がる沈線で区画され、同心円文《どうしんえんもん》と三角陰刻文からなり、いわゆる玉抱《たまだき》三《さん》叉《さ》文《もん》の構成である（図4④）。左側面は耳の上に蕨手状《わらびでじょう》の渦巻文がある（図4③）。耳

図 3 ● **国宝土偶「縄文ビーナス」**
細部に修復が施され国宝に指定された現在の縄文ビーナス。
(高さ 27cm、重さ 2.14kg)

の部分は陰刻文で、耳が被り物から出た表現となっている。

左側面から後にかけては、沈線で区画し、後の部分は逆位の蕨手状の渦巻文である（図4②）。区画のなかは三角陰刻文と列点文《れってんもん》、下端には沈線で孤状の文様を二つ配している。後の面には上端に低い円形突起がある（図4②）。突起と接する頂部の端には細く深い小孔を設けている。突起の右側には細線による凹凸をあらわした文様がある。耳は両方とも小さな突起状に表現され、中心に針で開けたような孔がある（図4①）。

首は太く安定し、なで肩から、先が丸く省略された腕へと続いている。両腕を開いた胸の中央には乳房があらわされ、腹は下方に丸く張り出し、先には孔で臍《へそ》があらわされている（図4①）。下腹部には陰刻による対称弧刻文《たいしょうここくもん》が配されている。丸みのある大きな腰と、平坦な背から続く張り出したハート形の尻は、全体に安定感をもたせており、円錐台状の太い脚で全身を支えている（図4②）。

胎土《たいど》、成形、調整、焼成ともに良好で、表面はていねいに磨かれて光沢を放っている。また、正面の胸のあたりを中心に、雲母《うんも》が浮き出てキラキラ光り輝いている。色調は全体に赤褐色であるが、部分的にすすけたような黒色の個所もある。

ちなみに、尖石《とがりいし》縄文考古館でおこなう土偶の製作教室では、参加者の多くが縄文ビーナスに魅せられ作ろうと挑戦するが、なんとしても絶妙な均整のとれた姿を造形するのが難しい。とどのつまりは、微妙に反った側面の姿がなかなか出せないのである。また、せっかく作っても、焼成段階で厚みをもたせた尻や腹部が破裂するものも少なくない。

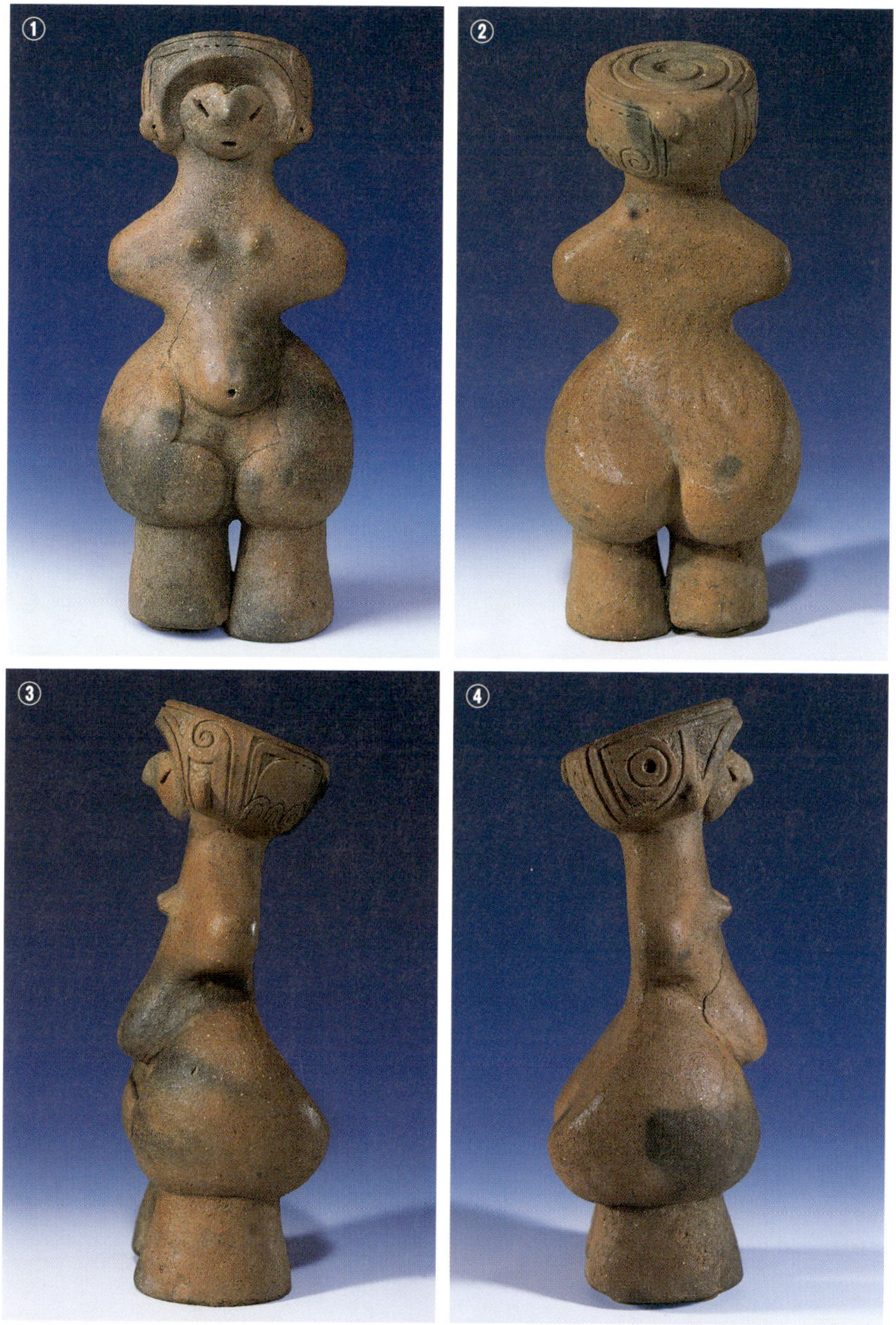

図４ ● **縄文ビーナスの各面**
国宝指定に際し「縄文時代の造形美をみるうえで貴重な学術資料であるとともに、当時の精神文化の一端を示すものとして、その価値は極めて高い」と説明された。

縄文ビーナスを作った製作者の脳裏には、当初から完全な設計図があり、全体の姿を十分イメージしながら、迷うことなく、ほとんど一気に作りあげたとしか思えない。それにしても、その造形力と表現力、そして胎土の配合や焼成などの技術の高さにははかり知れないものがある。

X線写真による製作過程の解明

土偶の観察にX線写真を利用することの有効性については、かつてから帝京大学山梨文化財研究所の櫛原功一《くしはらこういち》などによって論じられていた。X線写真といえば、身近なところでは病院のレントゲン写真がある。しかも、私が体調不良でたまにお世話になる諏訪中央病院には、人体の断層写真を撮影する装置のあることを思い出した。これで縄文ビーナスの写真が撮れれば、製作の過程がより明らかにできるのではないかと考えた。そこで、病院の事務長さんを通じて放射線

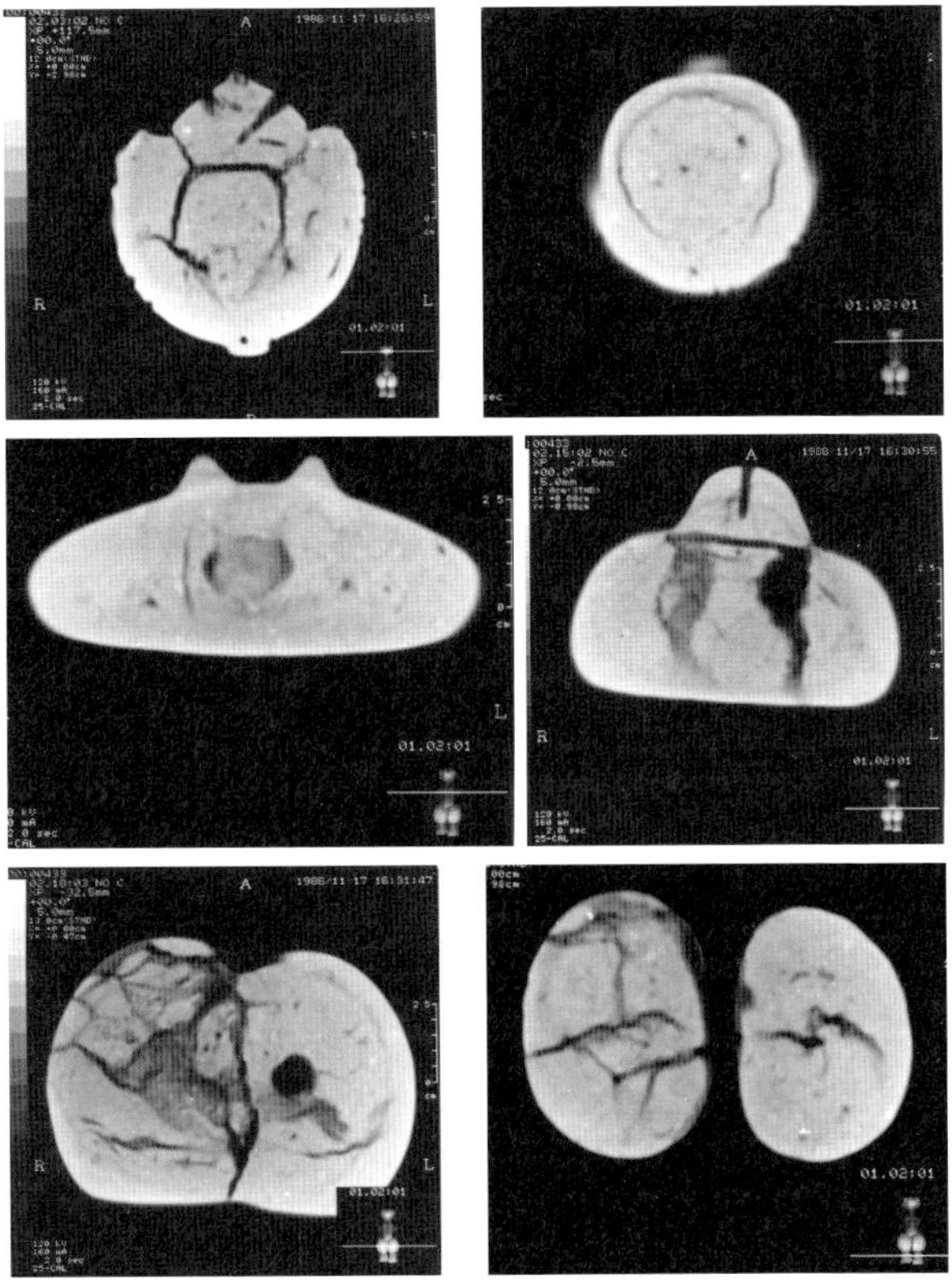

図5 ● X線写真（CT）
黒く細い線状あるいは隙間らしく面状にみえるのは、製作上の痕跡を示すと考えられる。各写真右下は断層撮影個所。

科の中村《なかむら》光昭《みつあき》さんに相談したところ、断層写真の撮影も可能ということで、早速、諏訪中央病院で撮影をおこなった。

撮影はCT（断層写真）とCR（コンピュータ処理のX線写真）の二種をおこなった。CTは土偶の全身を一センチ間隔で二五カ所撮影した（図5）。撮影してみると、CT、CRともに土偶の体部内側にある隙間らしき部分が驚くほど鮮明に写し出された（図6）。この隙間は、表面では観察できない粘土塊の接合など、土偶製作時の痕跡を示している。そのことから土偶の実測図にX線撮影でわかった製作上の痕跡を示し、土偶の製作過程を復元することができた。

観察の結果、縄文ビーナスは、まず脚部、胴部、首頭部の全体を三等分した部分をソケット式につないで組み立て、全体の骨格を作ったと考えられる。出来上がった骨格に両腕と厚みのある腹部をつけ、腰の下から脚の

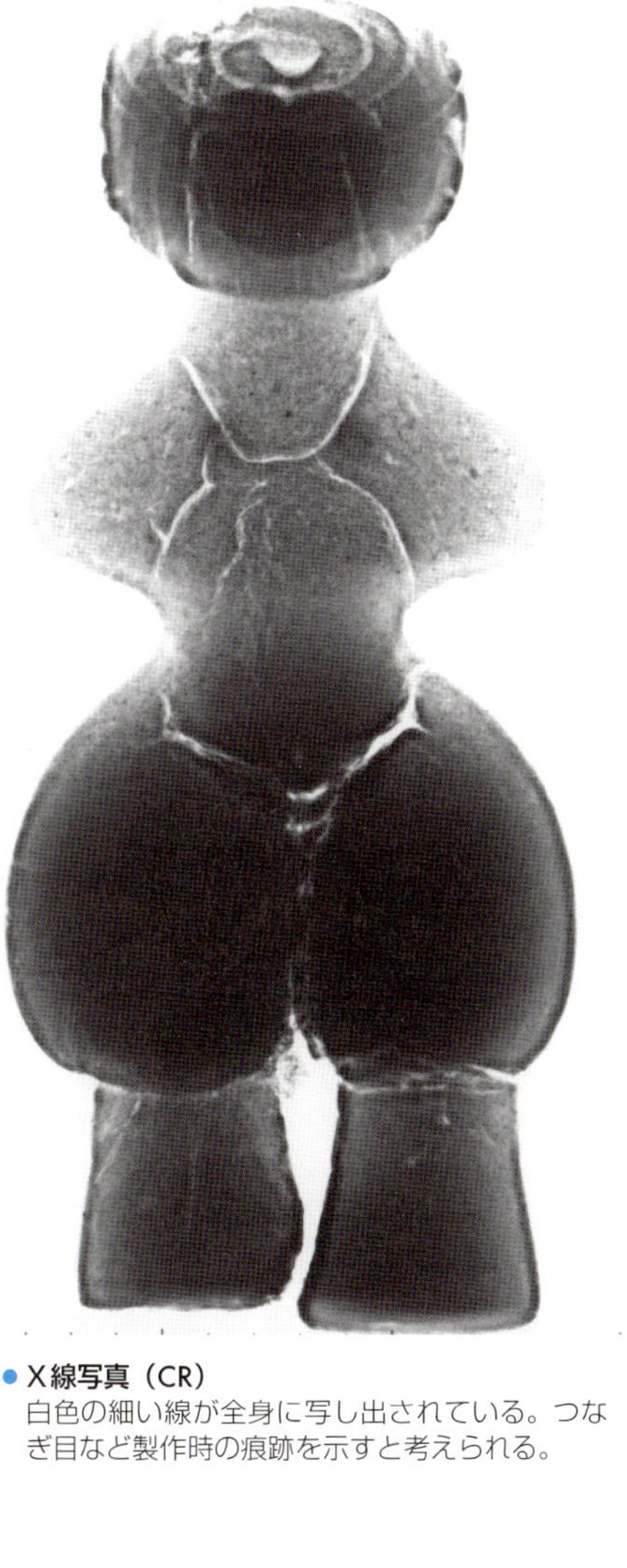

図6 ● X線写真（CR）
白色の細い線が全身に写し出されている。つなぎ目など製作時の痕跡を示すと考えられる。

上部を包むように粘土を巻きつけて、腰と尻部の厚みを出している。大事な顔の部分は、骨となる首頭部に貼りつけ、それに続く冠帽状《かんぼう》の頭部は骨の部分に粘土を巻きつけるようにして作っている。そして、最後に全体に良質の粘土をかけて完成させていることがわかった。

こうした観察の結果、縄文ビーナスは、壊すことを目的として作られたものではないことがわかる。各地で発掘される土偶のほとんどが壊されていることから（図7）、土偶は縄文人が祭祀をおこなうに際し故意に壊したものであり、そのことを前提に作られていると考えられていた。しかし、同じ土偶でも縄文ビーナスは実際に壊されずに残存していたこともあり、製作過程の解明とあわせて壊すことを目的にしていないことが明らかである。

こうした実例もあることから、最近では土偶は破壊を前提に製作されたという解釈には無理があるという議論もあるが、大型で造形的に優れた縄文ビーナスはやはり特別な存在であったといえる。

3　いつ、何のために作られたのか？

作られた時期

さて、この縄文ビーナスはいつ作られたのだろうか。土器編年（図8）でいうと、発掘当初から中期中葉の井戸尻《いどじり》式期に限定するか、井戸尻式期を含めた中期前半とする見方があった。それは主として頭部の文様の特徴と、中期最盛期の土偶という観点からの編年観であった。

その後、多くの研究者がそれぞれの論点から、その時期について検討している。

まずその一人、長野県塩尻市立平出《ひらいで》博物館長の小林《こばやし》康男《やすお》は、長野県の中期土偶の時期的、地域的形態を論じるなかで、縄文ビーナスの時期を中期中葉の前半（狢沢《むじなざわ》〜藤内《とうない》式）とみている。

山梨県の中期前半の土偶を論じた櫛原功一は、腹部の対称弧刻文や腕部の形態的特徴を論じ、さらに頭部側面の文様などから、中期初頭の五領《ごりょう》ヶ《が》台《だい》式末から中期中葉の狢沢古式期の所産と推定している。

山梨県立考古博物館の今福《いまふく》利恵《りけい》は、中部高地の初期立像土偶の成立と変遷を型式学的な検討から明らかにするなかで、五領ヶ台式期の最終段階に位置づけている。

また、中部・関東地方の立像形土偶の型式と系統関係を論じた國學院大學の谷口康浩《たにぐちやすひろ》も、頭部側面の文様を重視し、五領ヶ台Ⅱc式期ないし狢沢式期と推定している。

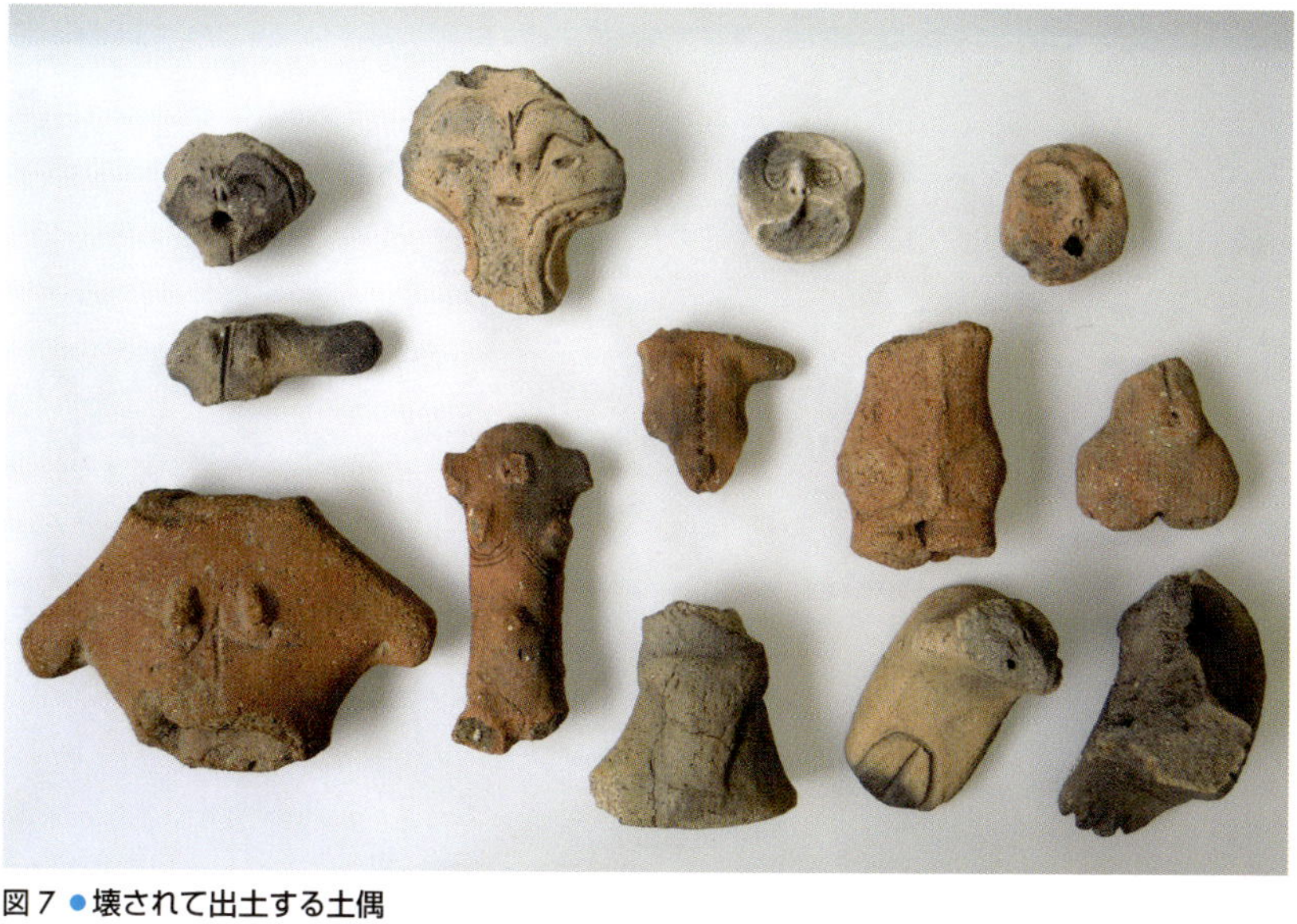

図７ ● 壊されて出土する土偶
尖石縄文考古館が所蔵する八ヶ岳山麓の縄文遺跡から出土した土偶。ほとんどの土偶が壊されている。同一個体のものが同じ遺跡内の別々の地点から発見されることもある。

このように、縄文ビーナスの発見以降、縄文土器の編年研究と土偶研究の進展で、その編年的位置、つまり作られた時期はほぼ確定したかの感がある。その時期は、中期初頭の終末か、あるいはわずかに下った中期中葉Ｉ期の狢沢式期の段階かは微妙な時間的関係だが、棚畑遺跡での集落繁栄期の動向とも関連して考えると、私は中期中葉Ｉ期の狢沢式期がもっとも妥当な年代観であると思う。

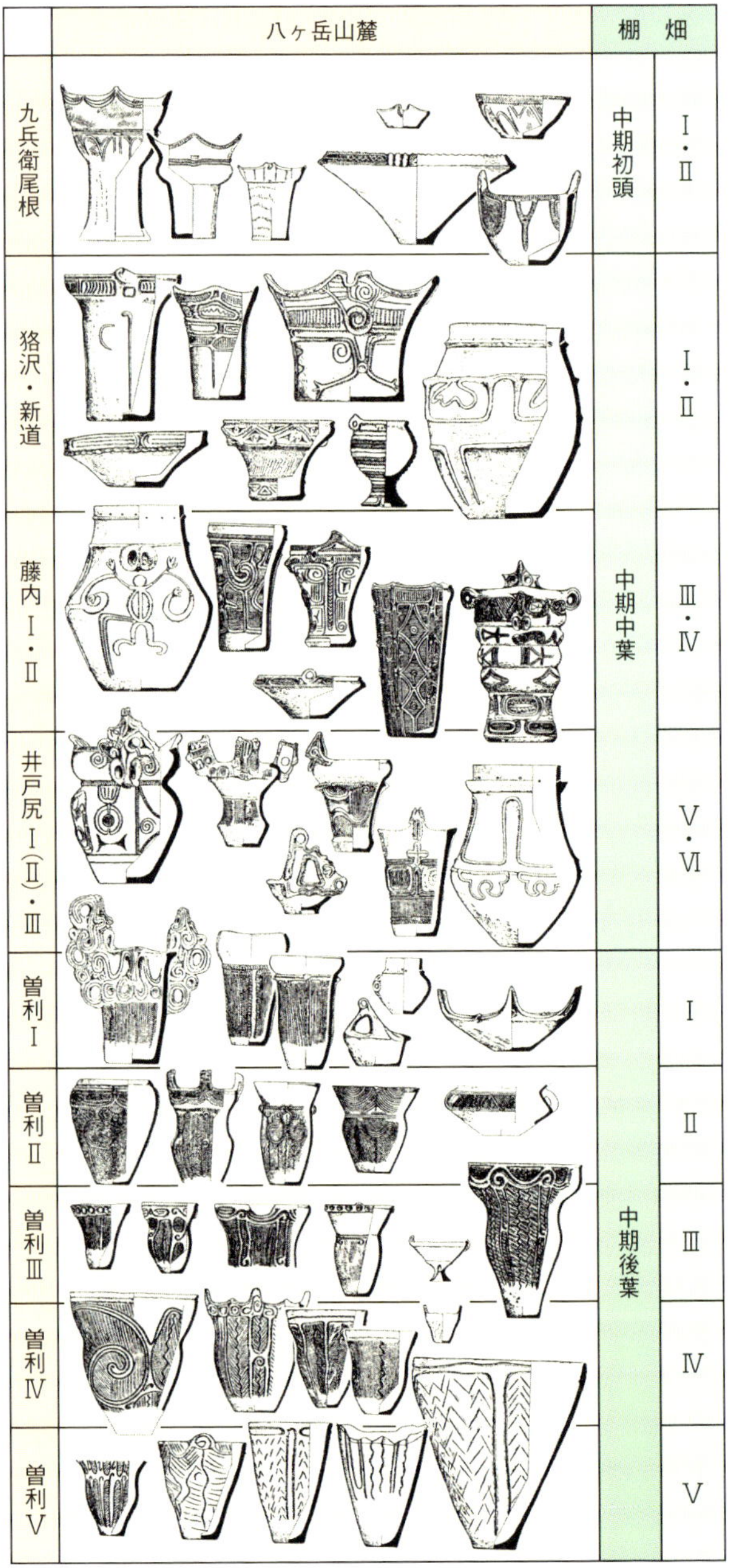

図8 ● 棚畑遺跡の縄文中期の土器編年

なぜ埋納されたのか

出土状態から、文化庁の原田昌幸《はらだまさゆき》は、棚畑遺跡出土の縄文ビーナスは土壙に故意に埋められた埋納の例とみている。では、何の目的で埋納したのか。調査団長の宮坂光昭《みやさかみつあき》は報告書のなかで、集落内での位置、穴の大きさなどから、将来、集団の祭祀を司祭すべき幼女の早逝で、埋葬に際して埋納したのではないかと推測している。また、文化庁の土肥孝《どいたかし》は、棚畑遺跡の例も含め、土偶の出土状態をほかの遺跡の出土例とあわせ広く検討したうえで、洗骨、再葬された骨を納めた後、土を一部入れて、そこに土偶を乗せた状態で副葬したと考えている。

縄文ビーナスが作られた中期中葉Ⅰ期は、棚畑遺跡ではおもに北環状集落を居住域としていた（集落の構成については次章でくわしくみていく）。ところが、縄文ビーナスがみつかった土壙は、南環状集落の中央の広場とみられる場所である。ここが居住域の主体となるのは中期中葉Ⅲ期以降のことである。この点と多くの土偶とは異なって壊されることなく、大切にされていたことなどを考え合わせると、中期中葉Ⅰ期に作られて長らく伝世され、中期中葉Ⅲ期以降に手厚く埋納された可能性が高い。

棚畑遺跡の縄文ビーナスが土壙に故意に埋められた意味について、ここでは二人の研究者の考えを紹介したが、今後もさまざまな解釈がおこなわれるであろう。いずれにしても縄文ビーナスのもつ謎の一つである。そして、そもそも何のために作られたのか……。

その謎に迫るには、棚畑遺跡の縄文集落および棚畑遺跡を含む八ヶ岳《やつがたけ》西南麓の遺跡群について理解を深めることが必要だろう。次章ではその点をみていこう。

第2章　縄文文化繁栄の大地

1　八ヶ岳山麓「縄文王国」

豊かな自然環境

日本列島の中央部をほぼ横断するフォッサマグナに噴出した八ヶ岳火山は、その裾野に日本でも屈指の広さをもつ山麓を形成している。八ヶ岳山麓と総称されるこの高原のうち、八ヶ岳の西南側にあたる地域は「八ヶ岳西南麓」と呼ばれ、西は長野県茅野市から、南は山梨県北杜《ほくと》市に至る、総延長約二〇キロの範囲を占める（図9・10）。

この八ヶ岳西南麓は、東に八ヶ岳を背負い、南に南アルプスの急峻な山々を望み、一種独立した地理的景観をもつ。

富士川と天竜川という大河川の水源地でもあり、山麓の多くの尾根状台地は、それぞれに豊富な水量をもった泉や小川に恵まれている。その泉や小川のまわりにはクリやコナラなどの落葉広葉樹林がたくさんの木の実をもたらし、シカやイノシシ、ウサギなどの動物も集まってきたことだろう。その豊かな自然環境は、縄文文化を育てるのにまさにふさわしい歴史の舞台となった。

八ヶ岳山麓で縄文人が生活をはじめて以来、約六〇〇〇年前の縄文前期のころまでは、主として広大な山麓の先端部や周辺部が生活の場とされたが、約五〇〇〇年前の縄文中期の時代には、広い尾根の全体が生活地として開発され、その中心部には大きな集落がいくつも作られて、恵まれた自然環境のもとで山麓全体を

図９●「縄文王国」八ヶ岳山麓
縄文中期の文化が花開いた八ヶ岳西南麓。編笠山・西岳が引く緩やかな裾野の稜線のむこうに富士山が望まれる。

活用した生活が繁栄し、かつて類をみない高い文化が育まれていったのである。そして、その縄文文化の高揚した姿は、多くの人びとによって「縄文王国」の名を冠した、日本列島人類史の貴重な歴史遺産として、いまや国内だけでなく、世界中の人びとの関心を集めるまでになっている。

八ヶ岳西南麓の四つの核地域

この八ヶ岳西南麓には、縄文中期に地域全体で三〇〇カ所以上の集落遺跡のあることが、長野・山梨両県の研究者の調査研究でわかっている。それらの遺跡の分布状態を地図に落とすと、西南麓全体で四つの拠点となる地域がある（図10）。それらの地域を、長野県側から順にみていくと、つぎの四つに分けられる。

①尖石遺跡を中心とする、柳川《やながわ》以北の北山浦《きたやまうら》と呼ばれる地域
②阿久《あきゅう》遺跡を中心とする、西南麓のほぼ中央に位置する地域
③井戸尻遺跡を中心とする、立場川《たつばがわ》以南の甲信県境一帯の地域
④南麓の山梨県北杜市の釜無川《かまなしがわ》と須玉川《すだまがわ》にはさまれたいわゆる七里ヶ岩《しちりがいわ》台地の地域

棚畑遺跡は、この四つの拠点地域のなかでも北端にあたる北山浦地域にある（図11）。山浦という地名は、「山裏」といった地理的景観にも由来しているという説があるように、東は八ヶ岳連峰、北は霧ヶ峰山塊に囲まれて、西南に開放的な広がりをもつ八ヶ岳西南麓のなかで、この地域だけは一見すると袋状の地理的景観をもつ。

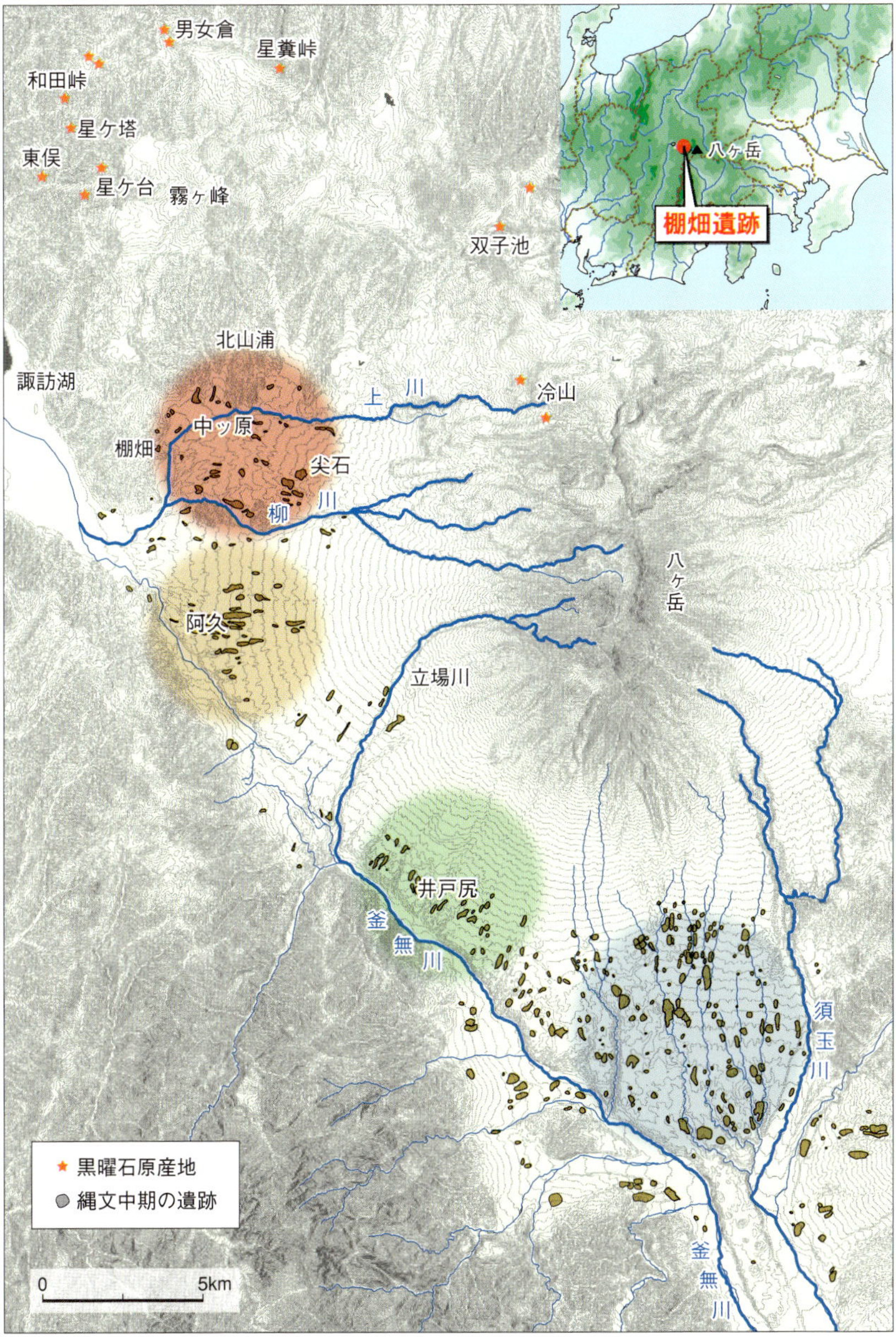

図 10 ● 八ヶ岳山麓の縄文中期の遺跡分布と棚畑遺跡の位置
八ヶ岳西南麓には多くの縄文中期の遺跡があり、そのなかで棚畑遺跡は北端、霧ヶ峰の黒曜石原産地にもっとも近い北山浦に位置している。

棚畑遺跡の地理的環境

拠点地域の一つとして区分された北山浦地域の遺跡群は、その中央を流れる上《かみ》川《がわ》を境にして二つに分かれる。一つは広大な八ヶ岳山麓の長峰状の台地の上にある遺跡群で、拠点となる集落遺跡は、台地上で一定の距離を保ち、また近接する場合は台地をたがえて営まれており、その代表的な遺跡が尖石遺跡である。そして、もう一つは霧ヶ峰山塊の南斜面を下る河川が、上川に向けて作り出した、いくつかの扇状地上に主としてある遺跡群である。それらの拠点となる集落遺跡は、ほぼ一キロの距離をおいて、上川に面して列状に並ぶ（図12）。棚畑遺跡は、その代表的なもののひとつである

棚畑遺跡は霧ヶ峰山塊南斜面の山裾に広がる米沢《よねざわ》地区にある。ここは八ヶ岳山

図 11 ● 八ヶ岳西山麓・北山浦の地形と棚畑遺跡
柳川と上川の間に広がる八ヶ岳山麓、手前が霧ヶ峰南麓。棚畑遺跡は下方右側に写る尼御前川の谷の出口左側の山脚末端で、白く方形に写る建物の位置である。

麓の北西端の北山浦にあって、鬼場城《おにばじょう》の山から朝倉山《あさくらやま》の山端に約六キロにわたって弧状に広がり、その主要部は上川の沖積地をとり巻く北大塩《きたおおしお》を中心とする一帯である。

背後の霧ヶ峰の山体が諏訪湖から吹き上げる風をさえぎる南に開けた日当たりのよい土地で、茅野市上水道の最大の水源地である「大清水《おおしみず》」に象徴される良質で豊富な湧水にも恵まれており、人びとが生活するには好適地である。眼前には、八ヶ岳西麓の山体が壁のように連なり、南東に眼を向けると、八ヶ岳の裾野の稜線に遠く富士山の頂きが望まれ、まさに「山浦」の呼称にふさわしい土地である。

棚畑遺跡は、米沢地区の主要部をなす北大塩を中心とする平地の最西端にある。上川沿いに米沢地区の主要部に入る西の

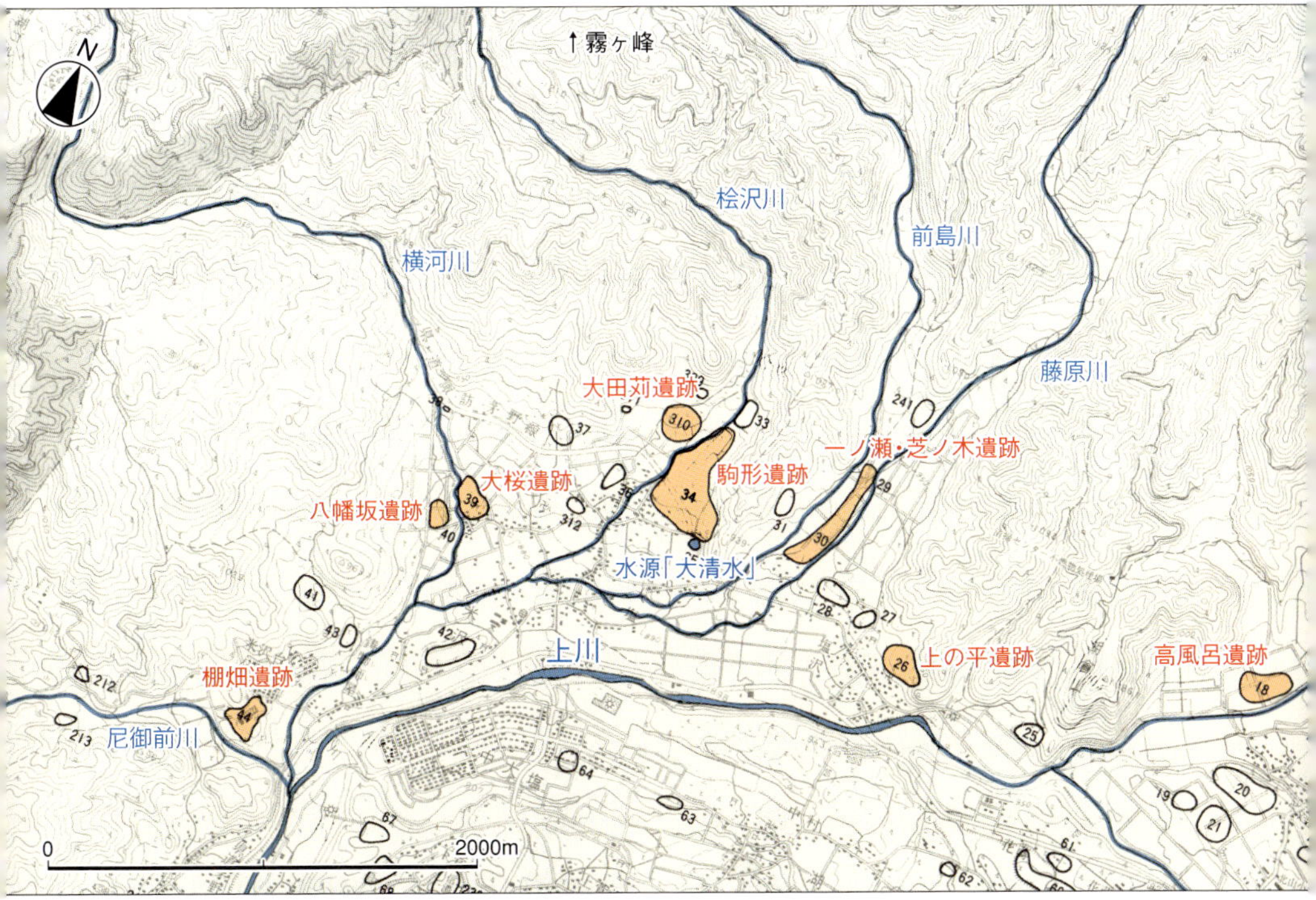

図 12 ● 霧ヶ峰南麓の縄文中期の拠点集落
霧ヶ峰南麓からそれぞれの小河川が上川の沖積地に出る付近にあり、上川に面してほぼ 1km の距離をおいて列状に並んでいる。

玄関口にあたる場所であり、上川の下流からは最初の高台である（図13）。

この台地は、上川に向かって突き出た山脚の先端部である。正面には八ヶ岳山麓の台地上に蓼科山《たてしなやま》から編笠山《あみがさやま》までの八ヶ岳の山体が連なり、その手前には米沢地区の平地が広がっている。台地下では霧ヶ峰南麓の小河川を集めて流れ下ってきた横河川《よっかがわ》と、遺跡西側の谷を下る尼御前川《あまごぜんがわ》の小渓流が上川に流れ込んでいる。

遺跡が立地する台地の平坦部は、標高八八〇メートル、台地下の上川沖積地との比高は二〇メートルである。台地は浸食されて、なかほどに浅い谷が入るため、平坦部はL字形をなして一段高い背後の山地へ続いている。平坦部は南側が広く六二〇〇平方メートル、北側はやや狭くて二四〇〇平方メートルほどの広さがある。

図 13 ● 棚畑遺跡の地形
霧ヶ峰南麓から上川の沖積地に派出した山脚の末端、標高 880m の台地上にある。前面に連なる八ヶ岳連峰の左端は蓼科山。

2　棚畑遺跡の発掘

縄文中期の集落を丸ごと発掘

棚畑遺跡の発掘調査は、工業団地を造成するための緊急調査として、一九八六年四月から同年一〇月まで実施された。台地上の遺跡のほぼ全域、とくに縄文時代中期の集落跡が丸ごと発掘された（図14・15）。

縄文時代の遺構は、住居址は一四九棟、そのうち前期が三棟、中期が一四六棟である。後期の住居址はみつかっていない。方形柱穴列《ほうけいちゅうけつれつ》と呼ぶ、柱を建てた穴が方形ないし長方形に一定の間隔で並ぶ遺構は一四カ所である。

土壙は、すべてが墓ということではないが、小さな竪穴状の遺構を便宜的に総称し、六五二カ所もあった。このうち時期が確定できる土壙は、早期が一カ所、前期が四八カ所、中期が一一六カ所、後期が九一カ所、晩期が二カ所である。すでに述べたように、縄文ビーナスは中期の第五〇〇号土壙から出土している（図15）。

中期に土壙が多いのは住居址が多いことからうなずけるが、住居址のなくなった後期にも多数の土壙がみつかっているのは、棚畑遺跡が居住の場から祭祀の場へと変わったことを示しているといえるだろう。

祭祀の場であることは、集石遺構《しゅうせきいこう》からもいえる。集石遺構は大小さまざまな礫をサークル状に配置し、なかに石棒《せきぼう》や立石《りっせき》が立てられていたと考えられるものである。棚畑遺跡では、いくつかの核となる集石が集まって約二〇×八メートルの帯状にのびる大規模なものが一カ所と、小規模なものが一カ所ある。時期はいずれも後期に属するが、大規模な集石は後期中葉から晩期初頭に属すものと考えられる。

発掘された遺物の概要

棚畑遺跡からは旧石器時代の石器とみられる資料が五点ほど確認されており、旧石器時代に早くも人びとが生活していたことが知られる。

縄文時代の遺物で多いのは縄文土器である。時期によって量のちがいはあるものの、早期の押型文《おしがたもん》土器から晩期の前半まで、縄文時代のほぼ全期間のものがある。なかでも中期は、棚畑集落の最盛期であるので、豊富な土器が出土している。中期の土器でとくに注目されるのは、中期中葉では焼町《やけまち》土器あるいは新巻《あらまき》

図 14 ● 発掘された棚畑遺跡
南側の広い台地の発掘が進み、土壙群のある中央の広場を囲むように多数の住居址があらわれている。石囲炉がみられる住居址も多い。土壙群の斜め左上にみえる帯状の石のかたまりは祭祀にかかわる集石遺構。

類型と呼ばれる土器群、中期後葉では唐草文《からくさもん》土器とか、加曽利《かそり》E式土器など、八ヶ岳山麓の在地の土器とはちがう土器の出土が目立つことである。この点については第4章で再びふれることにしよう。後期でも、関東地方の加曽利B式土器が比較的多く出土している。

復元された土器は、ほぼ完形のもの二三四点、半完形のものが一六三点である。第一一九号住居址から出土した二〇個体近い完形の土器（中期中葉Ⅲ期の藤内I式土器、図16）は、この住居に住んだ家族が日常的に使っていた一セットの土器類と考えられる。土器の量もさることながら、土器の大きさや形態、文様など、どれ一つ同じものはなく、それだけ

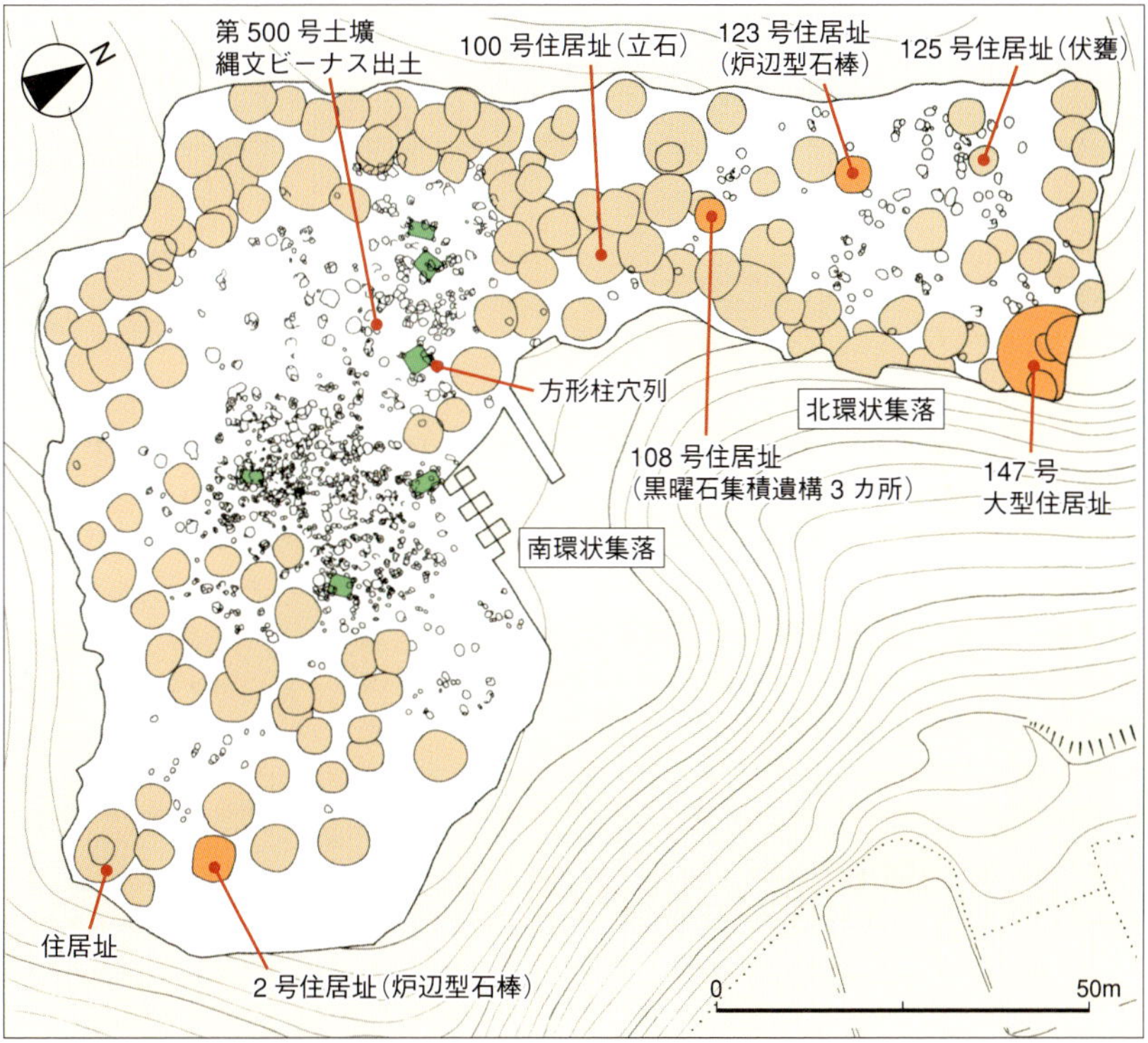

図15 ● 縄文中期の集落跡の全体図
大きな丸は住居址の輪郭、細かな丸印は土壙とした穴の輪郭を示す。
L字形の平坦部に、北側台地の集落と舌状に張り出した南側の集落があり、それぞれ環状をなしていることがうかがえる。

に縄文人の生活の豊かさを象徴しているように思う。

石器類は出土総数二万三五九四点で、そのうち定形の石器は三〇三七点である。打製石斧《だせいせきふ》（図17上）が全体の約二五パーセントを占め、つぎに凹《くぼみ》石《いし》・磨石《ませき》類（図17下）が約一八パーセントで、これに石鏃《せきぞく》の約一二パーセントが続く。時期的には、狩猟具である石鏃（図41参照）の占める割合が前期で高いのに対して、中期に入ると植物採取活動に関係した打製石斧や凹

図 16 ● 棚畑遺跡出土の縄文中期の土器
上：119 号住居址から出土した土器のセット（中期中葉Ⅲ期）。主体となる藤内Ｉ式土器のほかに「焼町土器」と呼ばれる異系統の土器がある。（左端の土器、高さ 23.4cm）
下：58 号住居址から出土した中期後葉Ⅳ期の土器。この住居址の土器は曽利式が優勢。（左端の土器、高さ 24.1cm）

石・磨石類が高くなる。この傾向は八ヶ岳山麓の諸遺跡と共通する。なお、黒曜石の砕片《さいへん》・剝片《はくへん》類が一万九〇七三点とたくさん出土しているが、これは黒曜石の原産地を控えた遺跡の特徴をよく示している。

石器といえば、八ヶ岳山麓の遺跡ではあまり注意されてこなかった、多孔質で軽く軟らかい軽石で作られた遺物が出土している。拳大程度の大きさのものが普通で、石皿状のものや凹穴のあるものなどさまざまな

図17 ● **棚畑遺跡出土の縄文中期の石器**
上：打製石斧と大型粗製石匙。打製石斧は柄の先につけ、石鍬としてイモなどの地下茎を掘るために使われた。大型粗製石匙もつまみ状の突起に柄をつけ、植物採取具にしたとみられている。（下列右端の石器、全長 19.8cm）
下：石皿と磨石。クリやドングリなどの堅い木の実をすり潰したり、粉に加工・調理するために使われた。（左端の石皿、全長 27.3cm）

形態がある。中期のほぼ全期間に認められ、八ヶ岳山麓でも北山浦に特徴的な祭祀具ではないかと考えられる。

3 二つの環状集落

北環状集落と南環状集落

発掘された遺構・遺物からも明らかなように、棚畑遺跡が本格的な居住の場とされたのは縄文時代も前期になってからである。しかし、前期の半ばから前期の終末までは、断続的に一、二棟の住居とわずかな土壙が営まれた程度であり、本格的な集落の形成は中期に入って始まる。なお、遺跡の時期については、縄文土器編年の成果に従い、中期初頭、中期中葉、中期後葉の三期区分とし、これをさらにⅠ期、Ⅱ期、Ⅲ期というように細区分した（図8参照）。

さて、縄文中期の集落址は、小さな谷をはさんだ北側台地の北環状集落（図18）と、舌状に張り出した南側台地の南環状集落（図19）とからなる双環状の形態をなしている。

北環状集落は約七〇×四〇メートルの大きさで、中央の狭い平坦部に分布する土壙群と、背後の山側にむかって開いた形で、おもに台地縁辺に分布する住居群で構成される。

南環状集落は約一二〇×八〇メートルの大きさである。台地中央のややくぼんだ地形となる場所に径約二〇メートルの円形の広場とみられる区域と、その外側に土壙群が集中する墓域がある。そして、それらを丸く包み込むように住居域が設けられている。各住居は複数の住居か

図 18 ● **北環状集落の全景**
台地の縁を中心に住居跡が重なり馬蹄形に広がる。中央には多数の土壙と若干の住居跡がある。

図 19 ● **南環状集落の全景**
台地中央の土壙群のある広場を囲むように台地先端部まで住居跡が広がっている。広場近くの石を集めた遺構は後期から晩期にかけての集石遺構。

らなるいくつかのグループに分かれている。しかし、集落の出入り口と考えられる谷に面した場所には住居が設けられず、そこには方形柱穴列とピット群が分布する。ピットのなかには、柱を建てたと思われる痕跡を残す土層状態を示すものがあった。

集落の構成と住居の変遷

南北二つの環状に配された一四六棟の住居址は、広場を囲むように配された住居域のなかでも、それぞれの場所ごとに一定のまとまりをもって分布している。それらのまとまりを群別してみると、中期中葉は南環状集落がA～Eの五群、北環状集落がF～Jの五群（図20）、中期後葉は南環状集落がA～Kの一一群、北環状集落がL～Pの五

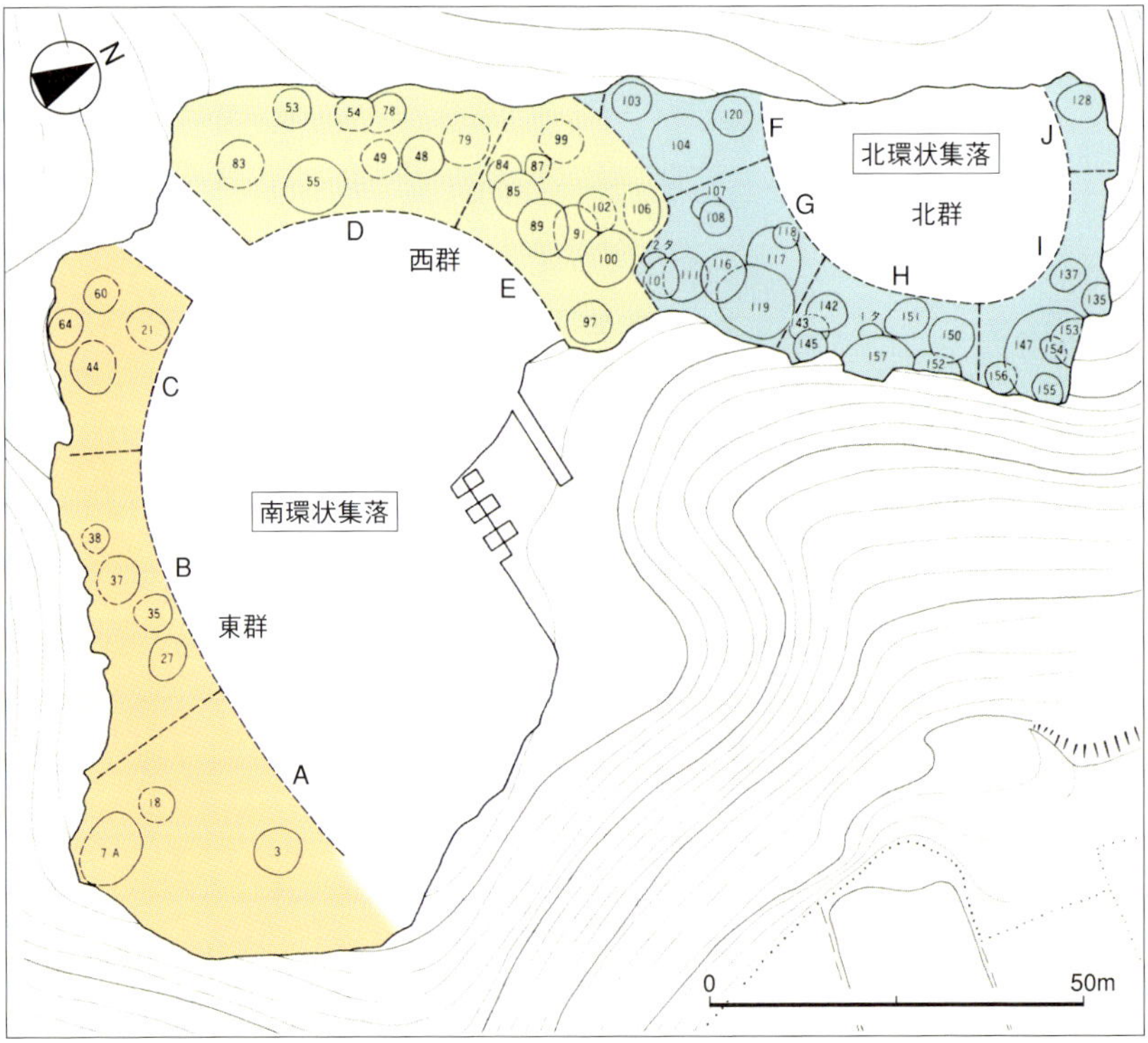

図20 ● 中期中葉の住居群とその群別
南環状集落がA～Eの5群、北環状集落がF～Jの5群で構成される。
そのうち南環状集落は東群（A～C）と西群（D・E）に二大別される。

群（図21）で構成される。

さらに、それらの群は大きなまとまりをなしている。南環状集落は中期中葉がA～Cの東群とD・Eの西群、中期後葉がA～Dの東群とE～Kの西群の二大群に分かれる構成である。これに対して、北環状集落は北群というべき一群をなしている。

図22は、集落を構成する各住居の群別内での位置と時間的な位置を示して、住居の変遷をたどったものである。同じ時期の枠のなかで並列する番号の住居は、同時期に存在したと推定できるものである。同じ時期の枠のなかで縦に並ぶ番号の住居は、接近する位置関係などから近くに場所を移して建て替えたと思われるような、時間的に前後の関係があると考えられるものである。

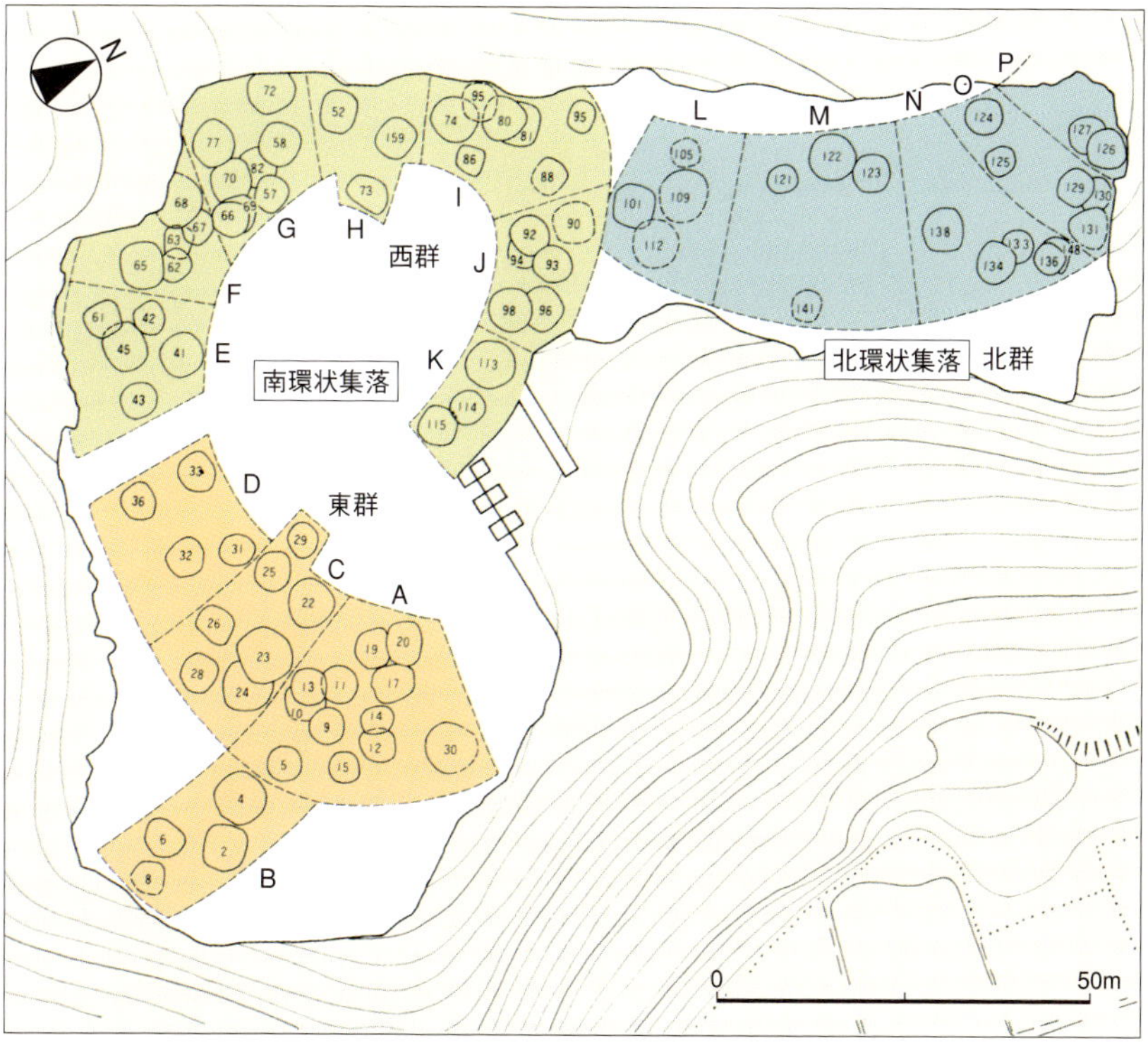

図 21 ● 中期後葉の住居群とその群別
南環状集落がＡ～Ｋの 11 群、北環状集落がＬ～Ｐの５群で構成される。
そのうち南環状集落は東群（Ａ～Ｄ）と西群（Ｅ～Ｋ）に二大別される。

こうしてみると、各群ともだいたい数棟で構成されるようである。それらの住居の系統は、分散して新たな住居の系統が生じ、また一つにまとまるというように複雑な経過が認められるが、中期初頭Ⅰ期には南環状集落、中期初頭Ⅱ期から中葉Ⅱ期までは北環状集落がおもな住居域とされ、それが中期中葉Ⅲ期になると南・北の環状集落ともに住居域となることがわかる。

　そして、中期後葉Ⅰ期にいたって群構成が変化する。住居数が増えたための再編であろう。この時期が棚畑集落の歴史上に画期的な動きで、その背景には中期後葉Ⅰ〜Ⅱ期にかけて、在地の集団とは異なる他地域からの集団が八ヶ岳山麓に入り、と

		南環状集落	北環状集落	住居跡数 南	住居跡数 北	住居跡数 計
初頭	Ⅰ	16 40 56		3	0	3
初頭	Ⅱ	7B	144 149 132	1	3	4

		東			西		北							
		A	B	C	D	E	F	G	H	I	J	南	北	計
中葉	Ⅰ				78		103 104	107 117	143 157 145 152	156 154 147		1	11	12
中葉	Ⅱ	7A					120			137 155		1	3	4
中葉	Ⅲ	18	27	64	49	84 106		108 119	142 151	153		6	5	11
中葉	Ⅳ				48 79	85 91		111	150	135		4	3	7
中葉	Ⅴ	3	37 38	44	54	99 100 97		110 116 118				8	3	11
中葉	Ⅵ		35	21 60	53 83 55	102 89					128	8	1	9

		東					西						北							
		A	B	C	D	E	F	G	H	I	J	K	L	M	N	O	P	南	北	計
後葉	Ⅰ	30		22 24	33 36	41 45	62	82	73 159	81	90 92 96	115 114	109 105		133 148	130	127	17	6	23
後葉	Ⅱ	17 12 10 15 11 19 5 9		25 29 23	31 32	42 43 61	63 67 68	72 70	52	80 74 86 88	93 98	113		121 122 123		131 125	126	29	6	35
後葉	Ⅲ	20	4	26 28			65	77 69 66							138	124		8	2	10
後葉	Ⅳ	13	2 6 8					58 57		75			101	141	134	129		7	4	11
後葉	Ⅴ	14								95			112		136			2	2	4
不明										87	94							2	0	2
																				146

図 22 ● 中期集落の構成と住居の変遷
一つの枠のなかで並列する番号の住居は同時期に存在したと推定でき、縦に並ぶ番号の住居は建て替えのような関係があると考えられる。後葉Ⅰ期に大きく再編されていることがうかがえる。

もに集落を営むようになったのではないかと私は考えている。

なお、南環状集落の墓域は、東西の住居群に対応するようにまとまった分布状態を示し、かつ同心円上に分けられた構造をもつとみられる。土壙には副葬されたと思われる土偶、垂飾《たれかざり》、大型粗製石匙《せきひ》、小型土器などを出土するものがあるほか、大型の深鉢が直立した状態で出土している例もある。

4　最盛期の集落の姿

以上のように、棚畑遺跡の縄文中期集落は、中期初頭に本格的な集落の形成が始まり、中期中葉から中期後葉に最盛期をむかえ、中期終末期に衰退するという歴史をたどっている。南と北の隣接する二つの集落が、大きく東・西・北の三つのグループに分かれるような構造をもつらしいこと、そして計画的に配された住居域のなかで、小さく分けられたいくつかの場所で、住居が継続的に営まれていたのである。

こうした棚畑集落の特徴を踏まえて、ここであらためて発掘された縄文中期の主だった遺構について解説しておこう。

竪穴住居址

竪穴住居址は一四六棟発掘されているが、これらの住居址は形と柱穴配置、それと主柱穴を結ぶ施設の有無の組み合わせで分類すると三四の型式がある（図23）。図24は、それらの型式の消長を示したものである。これをみると、住居址の形は中期初頭から中期中葉では楕円形と円形の二形態が主流であり、中期後葉になると円形のほかに新たに出現した隅丸方形、隅丸五角形が中心となる。

中期中葉の住居址では、とくに大型のものが注目される。これについては後で述べるが、中

柱穴配置等 ＼ 平面形		A 楕円形	B 円形	C 隅丸方形	D 隅丸五角形	E 方形
1		A_1	B_1	C_1	D_1	E_1
2	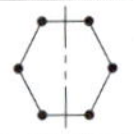	A_2	B_2	C_2		E_2
3	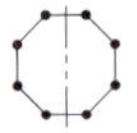	A_3	B_3			
4	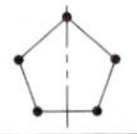		B_4	C_4	D_4	
5	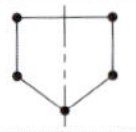	A_5	B_5	C_5	D_5	
6	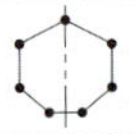		B_6	C_6		
7		A_7	B_7	C_7		
8		A_8	B_8			
9	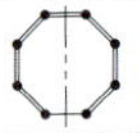	A_9	B_9			
10		A_{10}				
11		A_{11}				
12		A_{12}				
13		A_{13}				
14		A_{14}				
15		A_{15}	B_{15}			

図23 ● 住居型式の組み合わせ
タテ軸は柱の配置、ヨコ軸は上からみた形。No.9〜15は、主柱穴を結ぶ間仕切り状の溝や段の施設をもつもの。発掘された縄文中期の竪穴住居146棟は、この組み合わせのいずれかになる。

期後葉の住居址には中期中葉にみられるような際立った規模の差はなく、大きさは平均化している。

また、大型住居址を含め、床に主柱穴を結ぶ間仕切状の溝や段を設けた構造の住居址が中期中葉に特徴的で、中期後葉の住居址にはない。住居内の施設で、断面の形が袋状やフラスコ状になる貯蔵穴らしき遺構をもつ住居址も多くは中期中葉のものである。

このように同じ縄文中期の住居址であっても、中期中葉と中期後葉では住居の構造にちがいがある（また後述するように、炉の型式と住居内での炉の位置も異なる）。このちがいは、中期中葉と後葉で、縄文人の住まう形態、ライフスタイルが少なからず変わったことを示すと考えられる。その背景にどのような暮らしぶりの変化があったのか、今後の研究課題である。

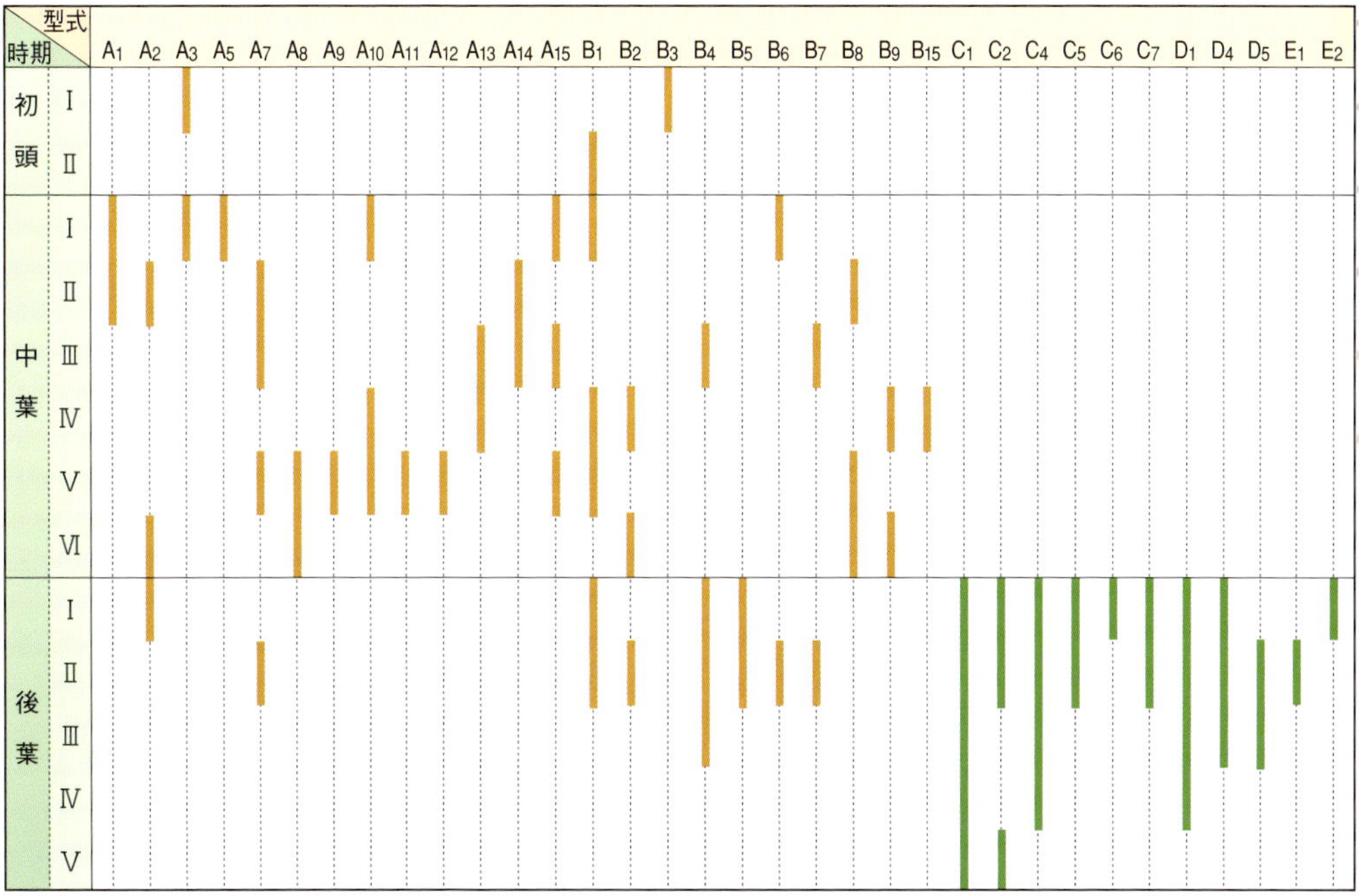

図24 ● 住居型式の消長
中期初頭〜中葉は楕円形と円形が主流で、中期後葉になると円形のほかに新たに出現した隅丸方形、隅丸五角形が中心となる。

大型住居址

発掘された住居址のなかで規模が際立って大型の住居址が六棟ある。いずれも中期中葉I期〜Ⅲ期で、そのうち四棟が縄文ビーナスが作られた時期と同じ中期中葉I期である。これらの住居址は、出土遺物や炉を中心とした特徴から、共同の作業場あるいは集落をこえた広範囲におよぶ集団の用途のために準備された場と考えられる。私は、この大型住居址を、縄文ビーナスとともに棚畑遺跡の拠点集落としての性格、繁栄ぶりを物語る注意すべき遺構ではないかと考えている。

大きさの点でいえば、とくに注目したいのが最大の規模をもつ第一四七号住居址である（中期中葉I期、図25）。径約一二メートルの円形で、同時期の平均的住居八棟分ほどの大きさがある。不可解なことに、同じ場所にあった第一五四号と第一五六号の二棟をとり壊して建てら

図25 ● 大形の147号住居址
北側台地の縁辺部で発掘された。壁近くで4人の入る穴は主柱穴。奥の人の位置に大型の埋甕炉がある。一般的な大きさの住居址を3つとり込んでいる。

れている。出土遺物は若干の祭祀的遺物と黒曜石集積遺構、それと打製石斧の出土がやや多いというほかは目立ったものはない。

特徴的なのは、二カ所に設けられた土器を埋設した遺構である（図26）。一つは大型土器の胴部を埋めた炉である。通常の住居では深鉢形土器の胴部ないし小型の石囲炉《いしがこいろ》を住居中央に設けるのに対し、この住居では東側へ寄った位置に大型の深鉢《ふかばち》形土器の胴部を埋めて炉としている。そして炉の北側二メートルの場所には、底部が完全な桶のような大型深鉢を埋めた遺構がある。なかには焼土があるが少なく、土器の周囲の床も焼けていないので、これ自体は炉ではないが、もう一つの炉と関係して特殊な役割があったように思われる。

この遺構も含め、本来、中央に設けるべき炉を片側に寄せて大型の炉にしたのは、ここが数所帯の家族が暮らす居住施設でなく、屋根裏ま

図26 ● 147号住居址の埋設土器と埋甕炉
左の埋設土器は口径47cm、高さ40.2cmの桶形をした大型土器。口縁部が欠けているが、残る口縁部の破片3点が底に置かれていた。口縁以下は完形である。
右は大型深鉢の胴部を埋設した埋甕炉。火熱を受けているためかもろい。内部もよく焼けている。土器の周囲の床面も円形によく焼けていた。（胴部径54.2cm、高さ約20cm）

で含め、時には相当数の人や物資を収容する広い空間を確保するためであったろう。それゆえ、炉は複数でなく、大型のものが一カ所だけ設備されたものと思われる。

ここで注目したいのは、炉の西側の広い床に設けられた浅いピットで発見された黒曜石集積遺構である。この巨大な第一四七号住居址は、黒曜石の集積・交流や大型土偶にうかがわれる祭祀など、集落をこえた広い地域の多くの人や物資を収容する建物であったと考えたい。

いまのところ、中期中葉Ⅰ期のこれだけ大きな円形の住居址は、ほかにその系譜が求められない。本遺跡に固有の建物とみるべきであろうか。住居構築上の文化的系譜はたどれないとしても、相当大がかりな小屋組みを要したはずで、建築技術の高さがうかがわれる。こうした大型住居が台地の縁に建てられたのは、この集落を訪れる人びとに、集落の存在を視覚的にも主張する役割をもったものとみている。

黒曜石集積遺構と石鏃生産の住居址

大型住居址である第一四七号とは別に、中期中葉の第一〇八号、それに中期後葉の第四五号と第一三一号の各住居にも黒曜石集積遺構がある。また、中期中葉の第一一七号住居址の覆土《ふくど》からも、黒曜石集積遺構が発見されている。

このうち注目されるのは第一〇八号住居址で、黒曜石集積遺構が三カ所も発見されたことである（図27）。こうした黒曜石集積遺構のある遺跡は、霧ヶ峰南麓では縄文前期から認められるもので、棚畑遺跡のほかの住居址でもそうであるように、発見されても一住居址に一カ所の

図 27 ● **黒曜石集積遺構が 3 カ所みつかった 108 号住居址**
黒曜石集積遺構が壁近くでそれぞれ離れた位置から発見された。
石鏃生産がおこなわれていたとみられる。

例がほとんどで、第一〇八号住居址の三カ所はめずらしい。

まず、No.1は奥壁に近い北西の角にある柱穴のなかで、建てた柱の脇に埋めたように床下一九〜三六センチの深さに四二個がごっそり入っていた。No.2は南壁に近い柱穴の脇にあり、楕円形の穴の上部に三一個がまとめて入れられていた。No.3は東南側の出入り口付近の壁近くにあり、小さな穴のなかに六〇個がまとめて入れられていた。

これらの納められた黒曜石は多くが原石で、大きさにバラつきが少ないので、選別されて、それぞれの場所に分けて納められたと考えられる。石鏃を作る原石として、あるいは交換品として貯蔵されたのか、または石鏃作りと関係する祭祀的な遺構と解すべきなのか。

第一〇八号住居址からは、このほかに黒曜石の原石・剝片類が多量に出土している。作られた石器は持ち出されて残っていないが、原石・剝片類の分析から石鏃の生産がおこなわれたことが明らかである。なお、この石鏃の生産など黒曜石の採取と搬出、交換と流通などの問題は、米沢地区の遺跡全体を含めて次章でみていくことにしよう。

炉とその変化

炉は暖房や照明をとるために、また炊事や工作の場としてだけでなく、家族が集う住居内の中心的、精神的な場として機能した大事な施設である。それだけに、炉にはいろいろな考古学的情報が秘められている。

八ヶ岳山麓の諸遺跡では、中期をとおして炉の形に一定の移り変わりがあることがわかって

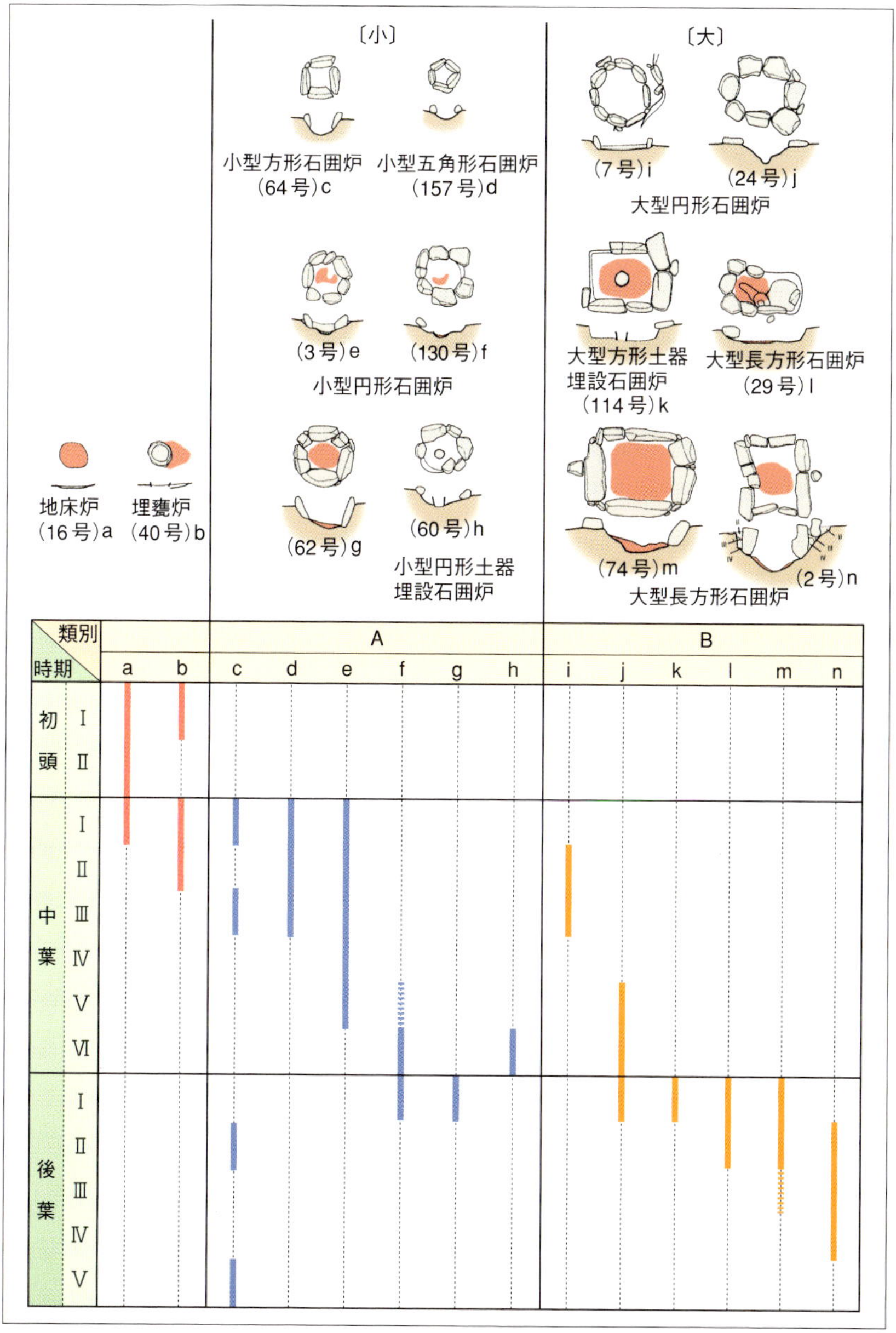

図 28 ● 炉の型式とその消長
中期初頭の「地床炉」から「埋甕炉」へ、中期中葉には「小型石囲炉」へ移行し、中期後葉に至って大型の「方形石囲炉」へと発展する。

いる。そのため、通常、発掘された遺構の時期は、一緒に出土した土器の型式で決められるが、土器がともなわない場合でも炉の形態が明らかであれば、その住居址の時期がおおよそ決定できるという具合である。ここでは、そうした観点から棚畑遺跡の炉の形態の変遷と、炉の秘める問題点を紹介したい。

まず、炉を内径がおおよそ五〇×五〇センチを目途に小（A）と大（B）の二つに区分し、これに形と炉石の組み方を基準に分類すると、棚畑遺跡の縄文中期の炉には一四の型式が認められる（図28）。

炉は、中期初頭では床を掘りくぼめた程度で火処とした「地床炉《じしょうろ》」と、土器を転用して埋めて炉とした「埋甕炉《うめがめろ》」から発し、中期中葉には「小型石囲炉」へ移行し、中期後葉に至って大型の「方形石囲炉」へと発展する。小型石囲炉から大型石囲炉への変化は、気候の冷涼化という環境変化への対応と、大量の木灰を必要とする堅果類の灰汁《あく》抜き加工技術の発展と関係があると考えられている。

棚畑遺跡では、家の象徴的な存在である炉が壊されている住居址が意外と多い。こうした傾向は、中期中葉Ⅲ・Ⅳ期から始まり、中期後葉では相当高い割合で壊されている。中期後葉で住居を移す際に炉を壊す行為は、風習として一般的であったと考えられるほどである。また、炉のなかに焼土がほとんど残っていないことがある。火を焚いて溜まるはずの焼土や灰がきれいに掻き出された例が多いのである。このことにも炉の破壊行為と関連する、住居に対する縄文人の思惟が込められているとみるべきであろう。

屋内の祭祀施設

炉は家族の集う中心的な場であるが、炉も関わって縄文中期の住居内では信仰上の営みもおこなわれていた。八ヶ岳山麓ではそのことを示す祭祀施設を設けた住居址の存在が早くから知られてきた。

棚畑遺跡で発掘された祭祀的遺物と竪穴住居内に設けられた祭祀施設の消長は、図29に示すとおりである。ここでは、このうち住居内にあった立石、炉辺型石棒《ろへんがたせきぼう》、埋甕、伏甕《ふせがめ》について紹介しよう。

立石は、太い自然石を床に立てたものである。中期中葉Ⅴ期の第一〇〇号住居址の東側の壁近くに、長さ六〇センチ、幅三〇センチの自然石を立てた見事な立石遺構がある（図30）。

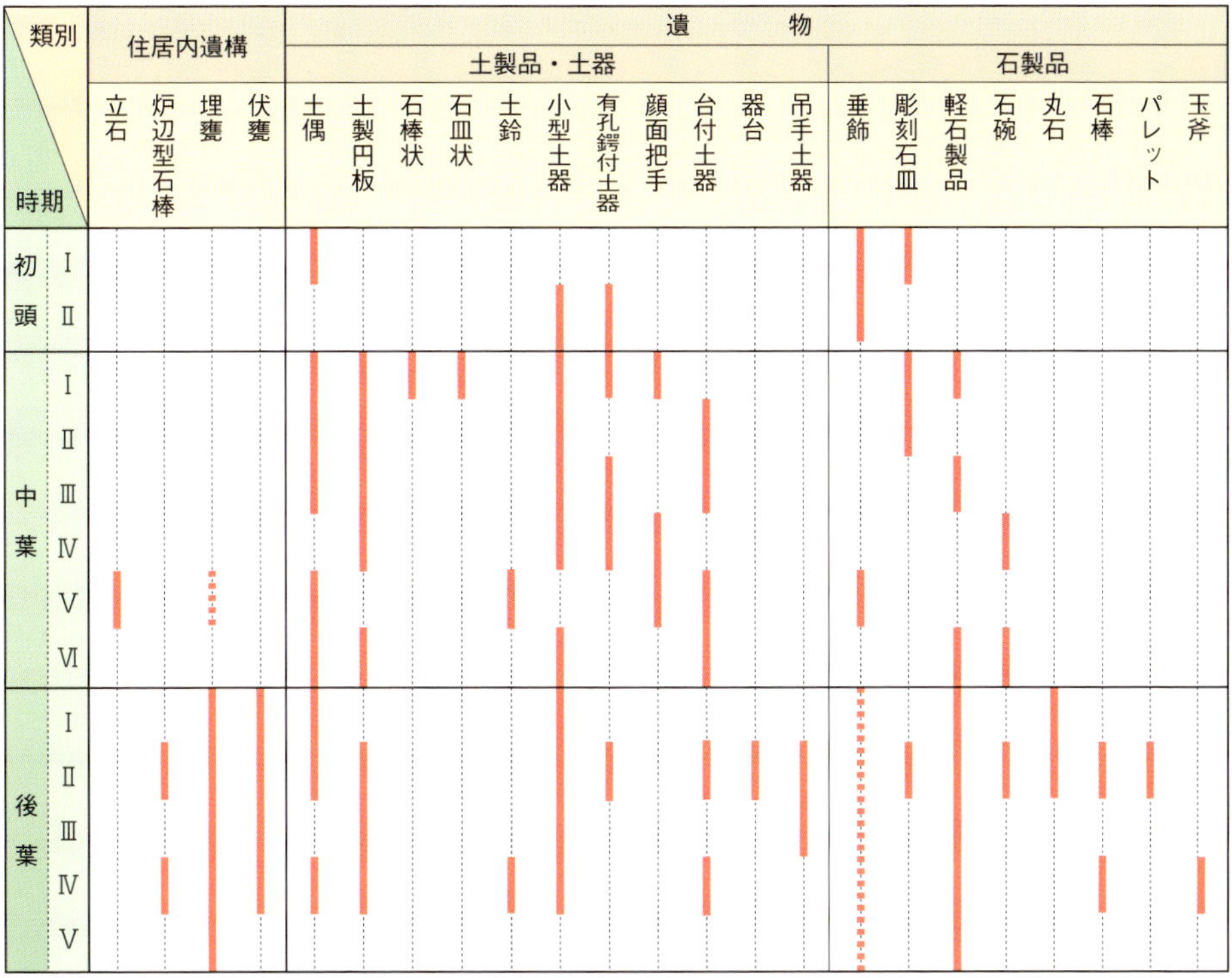

図29 ● 祭祀施設と祭祀遺物の消長
住居内の祭祀施設は中期後葉に特徴的である。これは祭祀の場の中心が屋外から住居内にかわったことを示している。

図 30 ●立石遺構のある 100 号住居址
炉の右（東）側の壁近くの床に立石が立てられている。真向かいの西側の床からは石皿が出土した。（中期中葉Ⅴ期）

図 31 ●炉辺に石棒を立てた 2 号住居址
出入り口部が張り出す隅丸五角形で 4 本柱の住居址。主軸線上の出入り口部に埋甕があり、炉辺中央の内側に石棒が立てられている。奥壁の左（西）コーナー部には伏甕がある。（中期後葉Ⅳ期）

図 32 ● **埋甕を 2 個埋めた 23 号住居址**
隅丸五角形で 5 本柱の住居址。出入り口部に埋甕が 2 個ある。外側の埋甕は底部を欠く曽利式土器を正位に埋め、内側の埋甕は底部を欠く唐草文系土器を逆位に埋めている。（中期後葉Ⅱ期）

図 33 ● **伏甕をした 125 号住居址**
隅丸方形で 5 本柱の住居址。炉の左（西）側の奥壁際に伏甕がある。唐草文系土器の口縁部から頸部にかけての部分を床に伏せている。（中期後葉Ⅱ期）

炉辺型石棒は、炉石に接するように石棒を立てたものである。中期後葉Ⅳ期の第二号と中期後葉Ⅱ期の第一二三号の二棟にある（図31）。第二号住居址は集落の南の端にあたる台地先端に位置し、炉の南辺の中央に立てている。一方の第一二三号は集落の北端に近い場所である。第二号とは対照的に炉の北辺の中央に石棒を立てている。いずれも集落の南北の端の住居内で、集落の外に向かった位置であることが特徴的である。

埋甕は、住居の出入り口部かその付近に土器を埋めたものである。尖石遺跡に隣接する与助《よすけ》尾根遺跡の発掘で宮坂英弌《みやさかふさかず》が呪術的な遺構として注目し、以来、いくつかの説が出されてきた。現在は、中期後葉に広まった風習で、幼児の甕棺説が一般的である。発掘で埋甕に出会うと、必ずなかから宝物のような遺物が出るのではないかと期待されるが、遺物が出ることはめったにない。ほかの遺跡では石蓋《いしぶた》のされた埋甕で、なかが空洞になっていたという例もある。

棚畑遺跡では、中期後葉をとおして認められ、一二三棟で二八例がある（図32）。数は一棟に一カ所が普通であるが、建て替えのおこなわれた住居では複数の例もある。

埋めた土器は口縁や底を欠くもの、底に穴を開けたものなどいくつかの使われ方がある。土器の使われ方に正位と逆位のちがいが組み合わさり、埋甕にはさまざまな形態がある。一棟のなかでも正位と逆位の両方を採用した例もある。また石蓋の有無のちがいもある。

中期後葉の土器は、梨久保《なしくぼ》B・唐草文式（中南信地方、図49・50参照）、曽利《そり》式（八ヶ岳山麓、図48参照）、加曽利E式（関東地方、図51参照）の三系統があるが、埋甕に使われる土器は、この三系統の土器が時期によって量的な異なりを示す。また一棟のなかで複数個ある場合、それぞれがちがった型式の土器であることもある。こうした埋甕の形態や用いられる土器の型式のちがいは何に由来するのか。最近では、婚姻関係や通婚圏のちがいを反映していると考える説を支持する研究者が多い。

伏甕は、土器を逆さにして床に伏せたもので、棚畑遺跡では中期後葉Ⅰ〜Ⅳ期に認められる（図33）。ほとんどが胴部以下を切断した深鉢で、伏せた口縁部を床に着けている。奥壁の壁際で、左右どちらかに寄った限定された位置に伏されたものと、炉周辺から出入り口側の広い場所に伏されたものがある。奥壁側の伏甕は何らかの祭祀具であり、炉周辺のものは、住居を利用した甕被葬との関連が考えられる埋葬用の土器とみる説がある。

方形柱穴列

方形柱穴列は、柱を建てた穴が方形ないし長方形に一定の間隔で並んで発見された遺構である

図34 ● 1号方形柱穴列

4カ所の穴が3.6×2mの大きさで長方形に配されている。穴は径約85cmの不整円形で、深さは1m前後ある。穴の中央部に径45cm前後の柱痕と思われる土層が観察されている。

（図34）。掘立柱を建て、何らかの構造物をつくり、地面か高床に床を設けた建築物の跡と考えられているが、出土遺物がほとんどなく、また柱穴以外の遺構がなかなか発見されないため、竪穴住居とくらべてどのような性格の遺構であるのかはまだはっきりしていない。

棚畑遺跡では、竪穴住居のある住居域とは分布域が異なり、住居域の内側で、広場の外周のような場所にみつかるという特徴がある。

棚畑遺跡から約四キロ東に位置する中《なか》ッ原《ぱら》遺跡では、縄文後期とみられる方形柱穴列が一四カ所発掘された。「中ッ原縄文公園」の建設にともない、仮面の女神（図52参照）が出土した土壙近くの九×三・六メートルの大きさをもつ八本柱の方形柱穴列に太い木柱を建ててモニュメント化したが、ここでは柱のみの復元で、屋根のある構造物は設けられていない（図35）。

一方、岩手県一戸《いちのへ》町《まち》にある縄文中期後半の御所《ごしょ》

図 35 ● 中ッ原縄文公園で復元された方形柱穴列
縄文後期の 8 本柱の方形柱穴列。柱穴は径 1.5m、深さ 2m 前後の大きさがある。

野《の》遺跡では、発掘されたこの種の遺構について祭祀用の建物を想定し、掘立柱建物を復元している。

棚畑遺跡ではこの種の遺構が一四カ所ある。これまでの研究で、柱穴の配列と規模のちがいからいくつかのタイプのあることが知られているが、それらの研究に従って分類すると五つの類型にまとめられる。前述のように、柱穴も含めて方形柱穴列は遺物をともなうことがほとんどないので、五つの類型の時期を決定することは難しいが、そのほかの遺構との重複関係やよその遺跡の例を参考にすると、おおよそ中期後葉から後期にかけての遺構とみてよいだろう。

土壙

遺跡を発掘すると、竪穴住居址のほかにも大小さまざまな大きさ、深さの穴がみつかる。それらの穴は、集落で人びとが暮らすため、食料や生活材を貯蔵したり、死者を埋葬したりと、生活に必要なために掘られたものである。棚畑遺跡では一二〇〇カ所以上の穴を発掘したが、なかでも形がある程度しっかりしたもの、また小さなものでも遺物が出土したものを「土壙」と呼んで記録した。

棚畑遺跡に限らず、ほかの縄文遺跡でも、それらの穴の多くからは期待に反して何も出土しないのが普通であるが、なかには遺物が入れられた状態で出土する例がある。ここでは発掘された穴のなかから一定の大きさと深さがあり、しかも遺物が出土したことで墓穴と考えられる土壙を紹介したい。

図 36 ● **比較的小型の土器を出土した 155 号土壙**
170×150cm の円形で、深さは 38.9cm。底の西壁際に小型深鉢が横転した状態で出土した。土器は高さ 18.5cm、北陸地方の新崎式系の土器である。（中期中葉Ⅰ期）

図 37 ● **大型の深鉢形土器が出土した 298 号土壙**
125×94cm の楕円形で、深さは 33.2cm。中央に高さ 49.5cm の唐草文系の深鉢が直立して出土した。（中期後葉Ⅱ期）

図 38 ● **大型粗製石匙が出土した 630 号土壙**
153×145cm の円形で、深さは 53.3cm。底の中央から横型の大型粗製石匙が 1 点出土した。輝緑岩製で、幅 12cm のみごとな石匙である。（中期中葉）

図 39 ● **翡翠製垂飾が出土した 590 号土壙**
他の土壙と重複関係にあるため大きさはわからない。深さは 32cm。残った穴の北壁下から翡翠の垂飾が出土した。垂飾は 5.8× 2.7cm、重さは 44g。（中期後葉）

まず、土器が出土する土壙である。紛れ込んだ破片でなく、完形ないしそれに近い形態の土器が出土する。比較的小型の土器をともなうものと（図36）、比較的大型の深鉢や相当大型の土器をともなうもの（図37）の二つのタイプがある。時期的には、前者が中期初頭Ⅰ期から中期中葉を経て中期後葉Ⅰ期まで、後者は中期のほぼ全期間に認められる。

石器が出土する場合は打製石斧が多く、ついで大型粗製石匙（図38）、石鏃、凹石の順である。石器のため出土した土壙の時期はとらえにくいが、同じ穴のなかから大型粗製石匙が土器と一緒に発掘された二例があるので、それらからみて大型粗製石匙を出土する土壙は中期中葉に限定できるものと思われる。

土器、石器以外では、土偶と装飾品の垂飾が出土している（図39）。土偶は縄文ビーナスの一例で、これについてはすでに述べた。垂飾は、翡翠《ひすい》製の二点と翡翠に似た石で作られた一点、琥珀《こはく》製の一点で、計四点がある。八ヶ岳山麓の諸遺跡の例や翡翠・琥珀の装飾品に関するこれまでの研究から、いずれも中期後葉の年代を想定しておきたい。

第3章　黒曜石を求めて

1　黒曜石の道を探ろう

膨大な黒曜石製の石鏃

縄文人はおもに狩りをして暮らした。縄文時代の狩りの最大の特徴は弓矢の発明である。そして縄文人は、矢の先につける「矢尻」を石で作った。それが石鏃である。

この縄文人の生活に不可欠な石鏃を作るには、どんな石でもよいということはない。矢尻として適当な堅さと強さがあり、そのうえ細かな加工ができないといけない。そうした素材として最適なのが黒曜石であり、霧ヶ峰は良質の黒曜石の原産地であった。

霧ヶ峰山塊の南斜面には、上川に面して、棚畑遺跡のような集落遺跡がほぼ一キロの距離をおいて並んでいることはすでに述べた（図40、図12参照）。これら北山浦の霧ヶ峰南裾部（米沢地区）の諸遺跡は、おしなべて多量の黒曜石の原石とその製品（石器製作時の石屑などを含めて）の出土で知られる（図41）。

そのなかの一つである駒形《こまがた》遺跡は、黒曜石の集散、あるいは石器製作に関する中心的な集落遺跡としての重要性が評価され、一九九八年に国史跡として指定されている。

この駒形遺跡やそれに近接する棚畑遺跡は、すでに明治以来から地元住民や考古学の愛好者にとって注目されていたが、諏訪考古学の先駆者であったともいわれている小平雪人《こだいらせつじん》（俳人）や田実《たのみ》文朗《ぶんろう》（医師）などによって熱心に採集がつづけられていた。とくに田実の駒形遺跡を中心とする米沢地区での黒曜石製石器の収集品は見事なものである。田実が米沢の地で医院を開業したのは、石鏃などの遺物収集も目的の一つであったという話が、いまでも地元に伝えられている。

田実が自宅に洋風の陳列館を建てて保管した資料は、石鏃を主に三万数千点をこえると

図 40 ● 霧ヶ峰南麓の遺跡群
左から駒形遺跡、大清水、一ノ瀬・芝ノ木遺跡、上の平遺跡。遺跡は手前の八ヶ岳山麓台地を断ち切るように流れる上川の沖積地にむかって開けた地形にある。谷を登り詰めた山の頂上は車山、その背後に霧ヶ峰の台上が広がっている。

いわれ、現在もその多くが諏訪市博物館に所蔵されている。藤森栄一《ふじもりえいいち》は、この田実が収集した石鏃について、つぎのように記している。

なかでも石鏃の量は、莫大なもので驚くほかはなかった。田実さんの古い日記には、雨後の開墾地で一時間に、破損したものをのぞき三百六十余個をえたとみえていた。（略）氏の陳列室では石鏃は陳列しきれずに、特殊な形態をそなえたもの以外は、全部蜜柑《みかん》箱に一杯つめてじつに七箱ある。七箱の蜜柑箱にぎっしりつめた石鏃を想像してみていただきたい。私はその数量を暇にまかせて、数えて見たら、破損や未完品をのぞきなんと五万二千六百五十二個あった。

続けて、この石鏃の石質を分類したところ、黒曜石が絶対的に多く、全体の九八・五パーセントにあたる五万一八四七個であったと記している。藤森を驚かせた、この膨大な数量の黒曜石製石鏃の存在は、いうまでもなく棚畑遺跡や駒形遺跡などのある米沢地区が、その山中に多くの黒曜石原産地を保有する霧ヶ峰山塊の南山裾にあることに由来する。

この米沢地区からは、たとえば非常に良質な黒曜石を多産することで著名な星ヶ台《ほしがだい》（下諏訪町）の原産地まで直線距離にして約一〇キロ、距離的には日帰り行程も十分可能な近さであり、八ヶ岳西南麓の大遺跡群のなかでは、黒曜石の原産地から直近の遺跡群＝集落地帯にあたるのである。

図 41 ● **棚畑遺跡出土の黒曜石製の石鏃と石核・剥片類**
石鏃の未成品のほか、石鏃を作るもとになる石核や素材となる薄手の剥片、製作時に出る多量の石屑などがある。この宝石のように輝く美しい形の石鏃に多くの人が魅了された。

この地に居を構えた縄文人は、谷道をさかのぼり、尾根道をこえて、足繁く、自分たちの集落の裏山のような霧ヶ峰に登り、草原を横切って黒曜石の原産地に分け入り、たくさんの黒曜石を集落に持ち帰る。そこでは盛んに石鏃などの石器を作ったり、完成品の一歩手前の未成品に加工したりした。そして、それらの製品や原材は八ヶ岳西南麓の「縄文王国」の特産品として、広く関東地方や東海地方にまで、交換経済の流通品として伝わっていったにちがいない。

こうして、北山浦の縄文中期の中核を担う人びとは、黒曜石資源の活用によって、ほかに優る力を貯え、その力が周辺全体の文化力の高揚に貢献したのであろう。

黒曜石の道を探ろう

村人が古くから知っていた、それほど石鏃の豊富な土地、北山浦では、畑で「矢《や》の根《ね》石《いし》」「矢じり」を拾い集めることは、子どもたちのごく日常的な遊びであった。大正年間に『諏訪史』（第一巻）の編纂事業のためにこの地に入った鳥居龍蔵《とりいりゅうぞう》は「セリガ沢遺跡で、子供三十四人に一時間以内に石鏃を拾わしめたが、百六十本のそれを得た（略）」と記録を残している。

こんな体験と知識・関心が北山浦の土地の人びとの伝統として生き続けていたのだろう。時代は移り、そうした子どもたちのなかから、その後も黒曜石や縄文遺跡に関心をもつ考古少年たちが成長し、一九七〇年代には地元の数人の高校生が中心となって、「米沢考古学クラブ」が結成された。

彼らは霧ヶ峰南麓の河川沿いに開かれた林道をたどり、小さな石鏃や黒曜石の破片を根気よく拾い集めた。こうした遺物採集の踏査を重ねて、黒曜石原産地から北山浦の縄文集落にいたる黒曜石運搬の道筋をとらえ、その成果を『古道─霧ガ峰南部における先史時代の黒耀石運搬ルートと考えられる古道の調査─』（一九七三年刊）としてまとめた。

今日では、霧ヶ峰の黒曜石原産地の星ヶ塔・星ヶ台へ至るルートは下諏訪町の砥川《とがわ》から東俣川《ひがしまたがわ》に沿って登るのが一般的である。縄文時代もこの経路で諏訪湖畔まで下ろされ、そこから各地へ送られたというのが定説であった。もちろんこのルートを含めて四方へ通じるルートがいく筋か開かれていたであろうが、原産地と麓の遺跡での豊富に出土する黒曜石との関連性から、霧ヶ峰南麓での運搬ルートへ着目した最初の考古学上の業績である（図42）。

その後、米沢考古学クラブによる原産地と集散地を結ぶ運搬ルートに関する研究成果は、茅野市史の編纂に受け継がれ、『茅野市史』上巻では霧ヶ峰南麓の諸遺跡について、黒曜石搬出ルートの基地的性格を有するという視点が示された。

2　黒曜石原産地と麓の集落

米沢考古学クラブが踏査した黒曜石運搬ルートは、原産地の山の東側に広がる霧ヶ峰の台上から南麓を下る、いく本かの小河川に沿った道筋が考えられている。それらのルートと、山裾のルート入口に位置する米沢地区の縄文中期諸集落の対応関係について、東側に位置する遺跡から順にみていこう。

藤原川と上の平遺跡

藤原川《ふじわらがわ》に沿うルートは藤原線と呼ばれ、塩沢《しおざわ》線から藤原線を経てカシガリ山に至るもっとも東に位置するルートである。上《うえ》の平《たいら》遺跡は米沢地区の東端にあり、藤原川左岸の山脚末端で上川を眼下にみる台地上にある。

遺跡は全体の五〇パーセントほどが発掘され、中期の環状集落がみつかっている。遺構は中期前半から後半にかけての竪穴住居址五二棟、円形柱穴列四カ所、方形柱穴列四カ所、ピット群、土壙群などで、中央広場とそれを囲むピット群と方形柱穴列からなる空間、その外側に南北の住居群が並ぶ集落の形態がとらえられている。

発掘された住居址のなかには、黒曜石集積遺構をもつものがある。また、出土した黒曜石の量も多い。それら黒曜石の素材粒、砕片、石器、石核、剥片などのあり方から石器の生産がおこなわれたと考えられている。

前島川と一ノ瀬・芝ノ木遺跡

前島川《まえじまがわ》に沿うルートは大平《おおびら》線と呼ばれ、途中、悪沢《わるざわ》線から霧ケ峰台上へ至るルートとクマウチ線から台上へ至るルートがある。その入口となる場所に一《いち》ノ瀬《せ》・芝《しば》ノ木《き》遺跡がある。

扇状地にできた残丘状の尾根地形に、早期から晩期にかけての遺構が発掘された。遺構は竪穴住居址九八棟、方形柱穴列二二カ所、土壙七三三カ所、配石、独立土器などで、中心をなすのは中期と後期である。このうち竪穴住居址五三棟からなる中期の集落は、浅い浸食谷を隔て

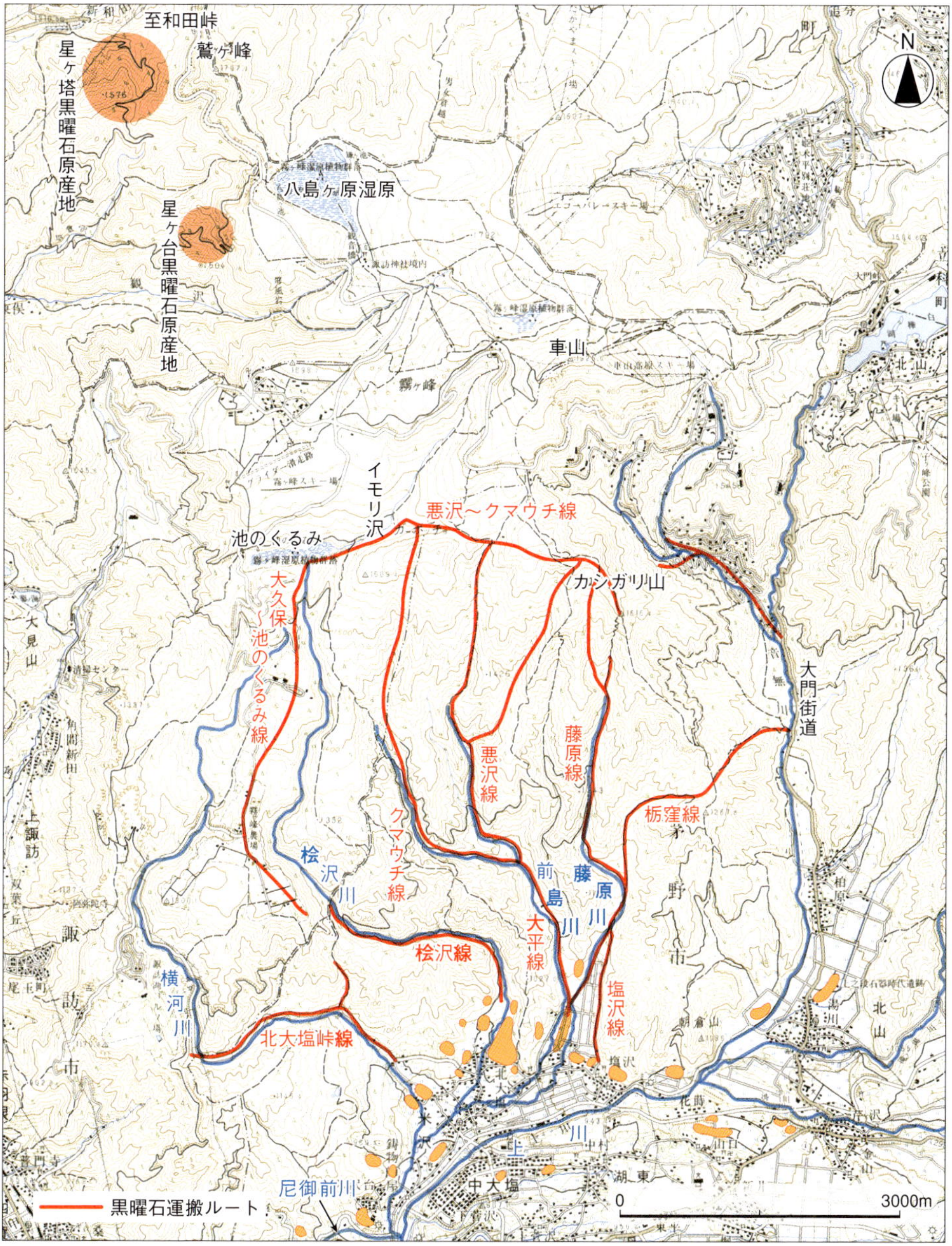

図 42 ● 霧ヶ峰南麓の黒曜石運搬ルート
米沢考古学クラブの踏査によって、原産地側・霧ヶ峰の台上から南麓を
小河川に沿って各集落へ下る道筋が明らかになった

た北側の尾根中央部に中期前半の住居が固まるように分布し、南側の低い尾根には中期後半の住居が地形に沿って帯状に並んでいる。

発掘された住居址のなかには、黒曜石集積遺構をもつものがある。石鏃の素材や未成品、剝片類などの石器生産に関わる資料が大量に出土しており、石鏃を中心とした石器の生産活動がおこなわれたと考えられている。

桧沢川と駒形遺跡

桧沢川《ひのきざわがわ》は池のくるみに至るが、このルートは十分な調査がされていない。桧沢線と呼ばれるルートからそのまま谷を詰めず、右岸の尾根筋に想定されている大久保~池のくるみ線へつながるルートも考えられる。入口となる場所にあるのが駒形遺跡(図43)である。

一九九四年と九六年の長野県教育委員会による試掘調査では、遺跡の奥まった場所に中期前半の住居址が固まってみつかった。一方、広い平坦地では前期初頭と中期後葉の住居址が全面に認められ、一〇〇棟をこえる規模の集落と想定された。その後の茅野市教育委員会の調査とあわせ、中期の集落としては環状か、あるいは奥まった場所にかけて広がる二つの環状集落からなる、いわゆる双環状集落址の存在が考えられる。

駒形遺跡での石器生産は早くから指摘されてきたが、長野県教育委員会の試掘調査でえられた黒曜石の分析・検討結果からも確認され、その後、二〇〇〇年の茅野市教育委員会と二〇〇四・〇五年の長野県埋蔵文化財センターによる発掘でも、前期初頭と後期前半の石器生産が明らかになっている。なお、長野県埋蔵文化財センターがおこなった発掘では、五万五〇〇〇点をこえる黒曜石が出土した。そのうち八一九五点の産地同定分析をおこなったところ、各時期を通じて、駒形遺跡に持ち込まれた黒曜石でもっとも多いのは星ヶ台産であった。

横河川と八幡坂・大桜遺跡

横河川も池のくるみに至る。この渓に沿うルートは北大塩峠線と呼ばれ、大久保~池のくるみ線と接続していたと考えられている。入口となる場所には八幡坂《はちまんざか》遺跡と大桜《おおざくら》遺跡がある。横河川をはさんだ対岸に向かい合う位置にあり、一体の遺跡とみてよいだろう。

八幡坂遺跡では縄文時代の住居址二二棟が発見されたが、時期の明らかなのは前期末、中期初頭、中期中葉、中期後葉である。土壙も二三六カ所が縄文時代のものと推定されている。前期末から中期中葉の住居址は台地先端部にだけ認められ、中期後葉の住居址は遺跡全体に広く分布するものの、集落の形態ははっきり

図43 ● **駒形遺跡**
黒曜石の石鏃採集を通じて早くから人びとが霧ヶ峰南麓の縄文遺跡に関心と愛着を寄せてきた。遺跡保存へのみんなの願いが1998年に国史跡となったことで結実した。

しない。石器では黒曜石の石鏃が多いが、もっとも多いのは黒曜石の剥片である。

大桜遺跡では中期後葉から後期にかけての集落がみつかっている。中期後葉の集落は、遺構の希薄な中央の空間の外側に墓坑が集中し、そのまわりを住居址がめぐる環状ないし馬蹄形《ばていけい》の集落と考えられている。このうち五カ所の墓坑からは、副葬品とみられる硬玉《こうぎょく》系と琥珀の垂飾が計六点出土している。

出土した石器の大半は中期後葉から後期中葉のものである。このうち黒曜石は、石器のほかに石鏃未成品、原石、石核、両極石器《りょうきょくせっき》、剥片、砕片などがあり、総重量は一〇・五八四キログラムである。

尼御前川と棚畑遺跡

八幡坂遺跡・大桜遺跡を通り過ぎて、藤原川、前島川、桧沢川などの水を集めた横河川の本流は、やがて上川に合流する。棚畑遺跡は、その合流点の近く、米沢地区主要部の西端を占める位置にある。遺跡から霧ヶ峰へは、横河川の上流約一・五キロに位置する八幡坂遺跡・大桜遺跡を経て横河川に沿うルートと、遺跡南側の谷地形となる尼御前川に沿って入り、途中、遺跡背後の山を北にこえて横河川の上流部に至るルートが考えられる。

このように、棚畑遺跡もまた、黒曜石原産地へのルートをもち、重要な縄文時代の資源と密接な関係をもつ拠点集落の一つだったのである。

３　黒曜石の採取・搬出と石器の製作

黒曜石の採取と搬出

こうして霧ヶ峰南麓の諸集落は、それぞれが黒曜石原産地への別々のルートをもっていることから、原産地への入山と黒曜石の採取、搬出は集落ごとにおこなわれたとみることができる。

棚畑遺跡など霧ヶ峰南麓の集落が採取した原産地は、霧ヶ峰でも比較的近い星ヶ台が中心であったことは、駒形遺跡や同じ上川筋の東側にある高風呂《たかぶろ》遺跡（図12参照）出土の黒曜石の産地同定分析によって明らかである。

近年の下諏訪町による原産地遺跡の調査では、星ヶ台でも採掘跡とみられる痕跡が多数確認され、縄文時代の採掘が考えられる。ただし、棚畑遺跡の資料では、原石を適当な大きさで選択せず、原産地のズリ（母層からはなれた大小の黒曜石塊の一面の堆積）で掻き集めたものを搬入している状況がみられるので、原石採取の実態は今後の調査の進展を待たねばならない。

さて、原産地での採取と搬出が遺跡ごとにおこなわれたことは、搬出ルートと遺跡のあり方に加え、どの遺跡においても搬入した原石から石器に至るまでの、全製作工程を示す黒曜石が発見されていることからもいえる。集散地である霧ヶ峰南麓の諸集落では、特定の集落が原産地の用益を一元的に管理し、原石を各集落に供給して石器を製作するという図式でなく、採取から供給までの交換経済活動が、それぞれのルート上に位置する拠点となる集落ごとに独自の活動としておこなわれていたと考えられるのである。

石鏃の製作

棚畑遺跡で製作された黒曜石製の石器はおもに石鏃であった。棚畑遺跡の調査員の一人である守矢昌文は、棚畑遺跡の石器の報告にあたり、一般的な剝片・砕片とは異なる剝離方法で作られた、「両極打法」による特徴的な階段状剝離を残す剝片に注目した。

そして、第一〇八号住居址出土の資料を用い、原石から剝片への剝離過程を分析して、石鏃の製作工程を明らかにしたのである（図44）。

第Ⅰ段階：原石に対し両極打法による剝離が開始された段階で、原石の両端に潰れ状の剝離が重なる。

第Ⅱ段階：第Ⅰ段階の石核から剝離が進行し、石核は薄く小さな個体へと変化する。第Ⅰ段階の石核にくらべて自然面の残存部が少なくなり、上・下端から剝離が進行した両極剝片となる。

第Ⅰ段階では自然面を残す比較的横広の小さな剝片Aが剝離され、第Ⅱ段階の石核から両極剝片やスポール状の剝片が作られる。この段階の剝片は概して小型で板状に薄いものが中心となる。また、第Ⅱ段階で石核となったものにも調整が加えられ、石器の素材となるものがある。

こうした両極打法による剝離法は、粒状・板状の原石から石器の素材剝片を獲得するのに有効な方法であったと考えられる。棚畑遺跡では、両極打法による多量の剝片類が出土しており、これを素材に石鏃の生産がおこなわれたことがわかるのである。

棚畑遺跡と同様、駒形遺跡でも、長野県教育委員会の調査で絶対的な黒曜石の出土量の多さと黒曜石遺物の構成比における剥片・砕片類の多さから、石器の生産がおこなわれたと考えられた。その後の長野県埋蔵文化財センターの調査では、黒曜石の比率の高い石器は石鏃、スクレイパー、石錐《せきすい》であることが判明し、利用された黒曜石はそれら石器の石材である可能性が高いこと、なかでも石鏃の量の多さと未成品とみられる資料のあり方から、石鏃が石器製作の主体をなすと考えられた。調査を担当した平林彰《ひらばやしあきら》・上田典男《うえだのりお》・贄田明《にえだあきら》は、棚畑遺跡での石鏃の製作に関して注目された両極打法の剥片にあらためて注目し、原石や剥片から石鏃の完成に至るまでの工程を復原的に研究している。

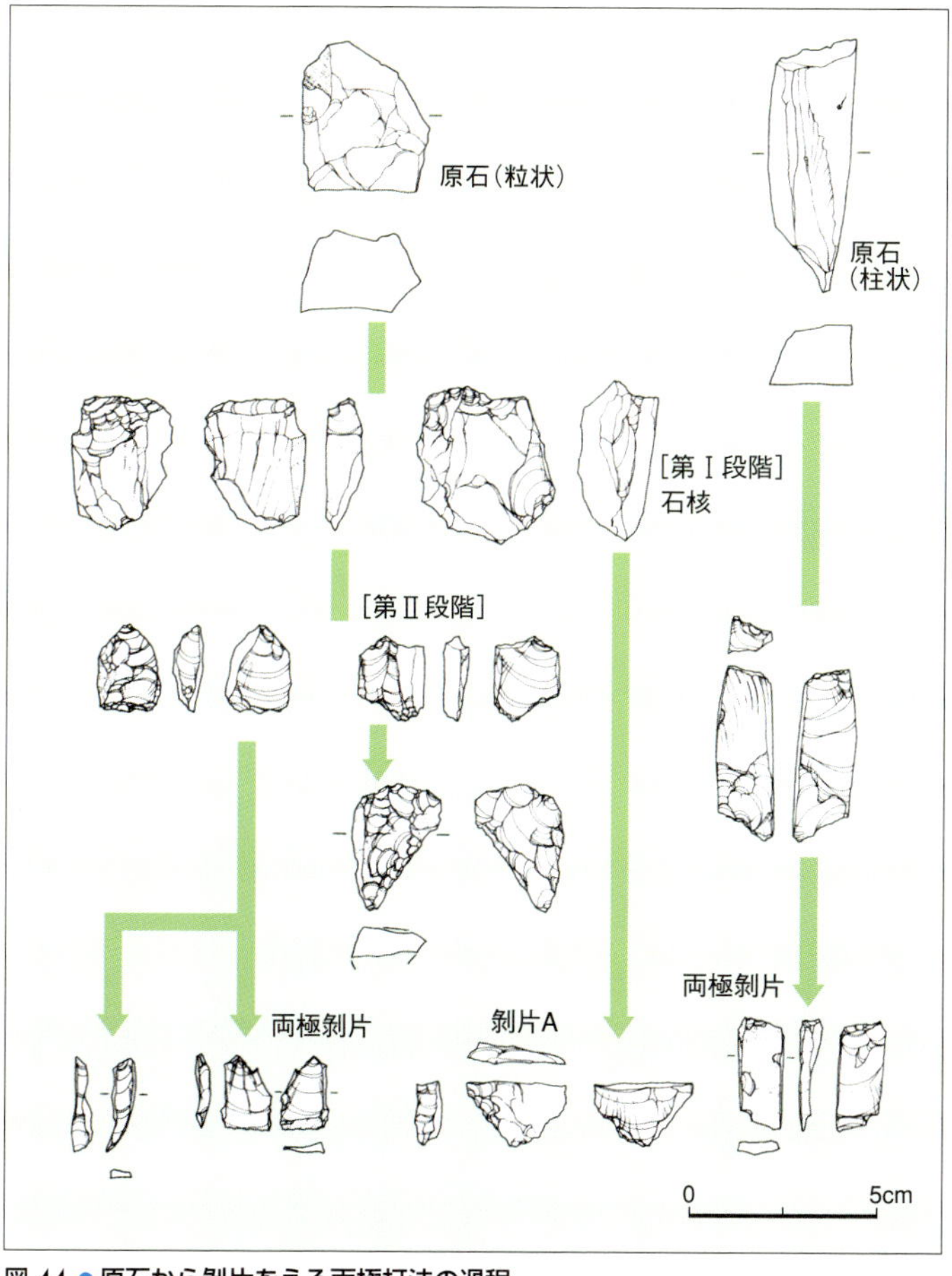

図44 ● 原石から剥片をえる両極打法の過程
台石の上に石核を置いて剥片を剥離する技術で、打撃側と台石側の両方に打点と打瘤という剥離の痕跡を残すのが特徴。素材となる剥片をえるために有効な方法であったと考えられる。

このように石器生産の様相が明らかとなった棚畑遺跡と駒形遺跡の事例からは、霧ヶ峰南麓の他の遺跡においても同様の技術工程により、石鏃を中心に石器製作がおこなわれたとみてよいであろう。

それではいったい、どのくらいの量の石鏃が作られたのか。守矢は、棚畑遺跡で出土した黒曜石の総重量が一一〇・一七キロであり、原石の平均重量が約二五グラムであることから、原石にすると約四四〇〇個以上が搬入されたことになり、仮にこれを石鏃の数に換算した場合、石鏃の平均重量を〇・五グラムとすると、約二二万個もの石鏃を作ることができると試算している。ただし、発掘調査でえられた資料は、棚畑遺跡に搬入された黒曜石のごく一部であったことから、試算された量よりも、さらに多くの石鏃が製作されたと思われる。

いずれにしても、試算された石鏃の数の妥当性を論じることはできないが、藤森栄一が数えた田実文朗の収集した石鏃五万二六五二点とも関係し、棚畑遺跡で試算された石鏃の数は、霧ヶ峰南麓の集散地で莫大な量の石鏃が生産されたことを説明するのに十分である。

4　黒曜石流通拠点としての繁栄

黒曜石集積遺構の性格

黒曜石集積遺構とは、前章でも紹介したように、竪穴住居の床に設けられた小さな穴や屋外の一角に、黒曜石の原石や剥片などを集めて納めた遺構のことである。

この遺構については、かつて岡谷市教育委員会（当時）の長崎元廣《ながさきもとひろ》が黒曜石の貯蔵跡ととらえ、原産地周辺の諏訪地方に多いことから、近隣集落や遠方集落に石核や製品を供給した、黒曜石流通活動の一側面を示す遺構であると問題提起した。

その後、黒曜石流通活動の観点からこの種の遺構が注目されるなか、筆者らは高風呂遺跡の報告で、この遺構を祭祀的様相であるととらえた。また最近、尖石縄文考古館の功刀司《くぬぎつかさ》が棚畑遺跡の住居内発見例について、住居址に対する儀礼行為の一つととらえる考えを示している。

このように黒曜石集積遺構については、黒曜石の流通を目的とした貯蔵や隠匿したものが忘れ去られた跡とする説と、黒曜石に関わる祭祀・儀礼行為の跡とする見方があるが、いまだ結論をえるまでにはいたっていない。いずれにしても、この遺構の背景には原石の採取や石器生産に主体的に関わった集団の営みと思考、そうした活動を含めた黒曜石資源活用の活発化という事態があると考えられるのである。

黒曜石集積遺構をもつ集落

霧ヶ峰南麓では、住居内の黒曜石集積遺構は高風呂遺跡と一ノ瀬遺跡にみられるように、前期になってからあらわれる。高風呂遺跡では、住居数のもっとも多い時期である前期初頭の二つの住居址と、それに続く前期中葉の住居址の覆土から各一カ所が発見されている。それに前期初頭の屋外例も含め、四カ所から出土した黒曜石各一点を原産地分析したところ、いずれも星ヶ塔産（星ヶ塔・星ヶ台）と測定された。ちなみに、早期末と前期初頭の住居址出土の二二点も分析されているが、それらの資料は和田峠産（和田峠・丁子御料《ちょうじごりょう》）と星ヶ塔産（星ヶ塔・星ヶ台）で、そのうち前期初頭の資料は星ヶ塔産（星ヶ塔・星ヶ台）の割合が高い。

高風呂遺跡は、前期初頭以降ごく少数の住居が断絶と短い継続をくり返して中期末まで続くが、黒曜石集積遺構は集落がもっとも賑わいをみせる前期初頭を中心に認められる。

一ノ瀬遺跡は、前期から後期にかけて断絶と継続をくり返しているが、なかでも繁栄期である前期前半、前期末、中期前半の各一棟の住居址から発見されている。とくに中期前半の住居址には三カ所あり、先にみた同時期の棚畑遺跡の第一〇八号住居址と同様である。

中期では、上の平遺跡、一ノ瀬遺跡、棚畑遺跡に例がある。上の平遺跡は、中期に環状集落を形成した遺跡である。黒曜石集積遺構は、中期中葉の住居址にだけ認められるが、中期後葉についても、残された未発掘区域の住居に発見される可能性は高いとみている。

棚畑遺跡では、集落が繁栄した中期中葉の第一〇八号、第一一七号、第一四七号と中期後葉の第四五号と第一三一号の各住居址から発見されている。図27でみたように、このうちの第一〇八号住居址は、石鏃生産をおこなっていた住居である。

以上のように、黒曜石集積遺構をもつ住居は、霧ヶ峰南麓で発掘された住居数の上では数は多くない。しかし、この遺構をもつ住居は拠点集落とその集落の繁栄した時期にある。駒形遺跡と大田苅《だいたがり》遺跡には屋外の例があるが、これも黒曜石を背景とした集落での活動と関係があろう。いずれにしろ棚畑遺跡では、中期の住居数の増加する時期に認められるのであり、その背景に拠点集落での黒曜石に関わる石器生産や流通活動の高まりがうかがわれるのである。

拠点集落の成立と展開

霧ヶ峰南麓の諸集落で作られた、おそらく信じ難いほどの数量になると思われる石鏃は、中部高地を中心に各地に供給され、広く流通したと考えられる。では、黒曜石の集散地であるそれらの集落からどのように域外へ流通していったのか。まず諸集落の動向から迫っていこう。

霧ヶ峰南麓の拠点集落の消長を検討すると、東側に位置する音無川、藤原川、前島川、桧沢川に沿ってある東群と、西側で横河川に沿ってある西群の二つのグループに分けられる（図45）。

霧ヶ峰南麓で最初に拠点となる集落は東群に成立した。前期初頭に音無川の地点に高風呂遺跡、桧沢川の地点に駒形遺跡、やや遅れて前島川の地点に一ノ瀬遺跡が成立し、三遺跡は前期前半を通じて

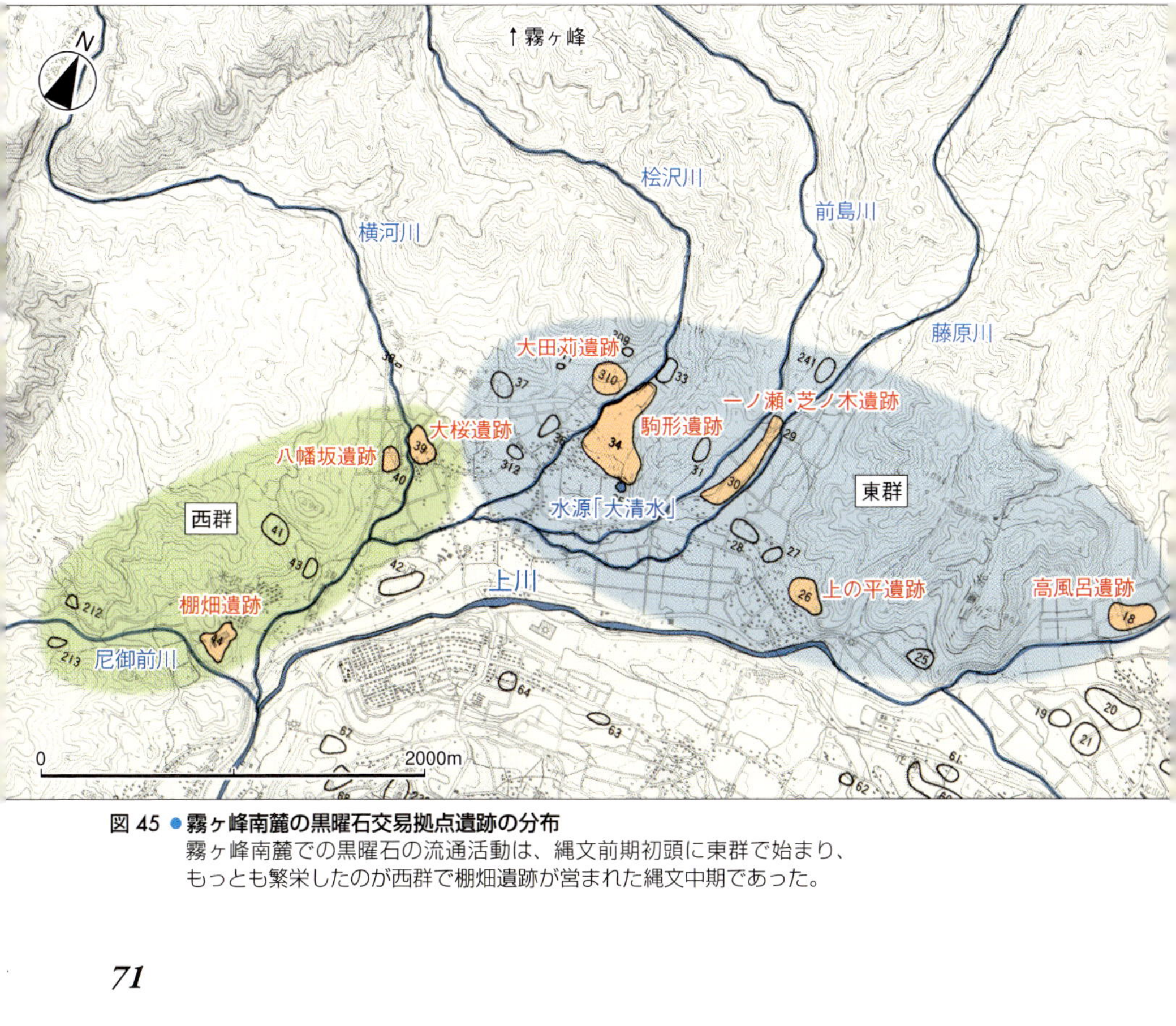

図45 ● 霧ヶ峰南麓の黒曜石交易拠点遺跡の分布
霧ヶ峰南麓での黒曜石の流通活動は、縄文前期初頭に東群で始まり、もっとも繁栄したのが西群で棚畑遺跡が営まれた縄文中期であった。

拠点として営まれた。その後、前期中葉から前期後半には集散地としては衰退し、前期末に一ノ瀬遺跡と大田苅遺跡が一時期の短期的な拠点として営まれた。一方、前期は西群に拠点となる遺跡は形成されなかった。

中期に入ると、東群で、霧ヶ峰南麓の東の玄関口にあたる藤原川の地点に、上の平遺跡が形成される。上の平遺跡は環状集落であり、流通活動の拠点とともに、中期を通じて東群の中心的な集落であったとみられる。一ノ瀬遺跡は、中期前半と後半に断続的に営まれた。駒形遺跡については、詳細は明らかでないが、中期を通じて環状集落として拠点をなしたと考えられる。

一方、西群では、中期に入って西の玄関口に棚畑遺跡の形成が始まり、中期中葉には拠点集落として発展し、以後、衰退期まで西群の中心的集落として営まれた。中期後葉には、大桜遺跡で環状集落が成立する。

このように霧ヶ峰南麓での黒曜石の流通活動は前期初頭に東群で始まり、東群では中期に入っても続き、一方、中期になると、それまで流通活動の拠点がなかった西群で棚畑遺跡が成立して営まれていく。そして、霧ヶ峰南麓の諸遺跡が黒曜石集散地の拠点集落として活発な流通活動をおこない、もっとも繁栄したのが西群で棚畑遺跡が営まれた縄文中期であった。

棚畑集落成立の背景

こうした展開の背景には、黒曜石を消費する土地の事情が関係していると思われる。

霧ヶ峰南麓の地理的位置（図46）は、上川の上流域から北八ヶ岳を経て千曲川《ちくまがわ》上流の東信《とうしん》方面、さらにその先の北関東へと続いている。八ヶ岳山麓の北山浦と東信・北関東とは伝統的に地域的、集団的なつながりがあったと考えられるのである。

霧ヶ峰南麓での黒曜石流通活動が東群で始まり、その後も東群で続けられたのは、この上川上流域を交流路とする東信・北関東方面に主要な供給ルートがあったからであろう。また、山梨県方面へは谷の渡河の容易な山麓上部を通ずる経路が開かれていたとみられる。

一方、中期になって、西群に棚畑遺跡が成立したのは、上川の中流域から八ヶ岳山麓の中・下部を通じて山梨県・南関東方面に向かう経路が、また上川の下流域から伊那谷方面に向かうルートが整い、これらの経路から供給

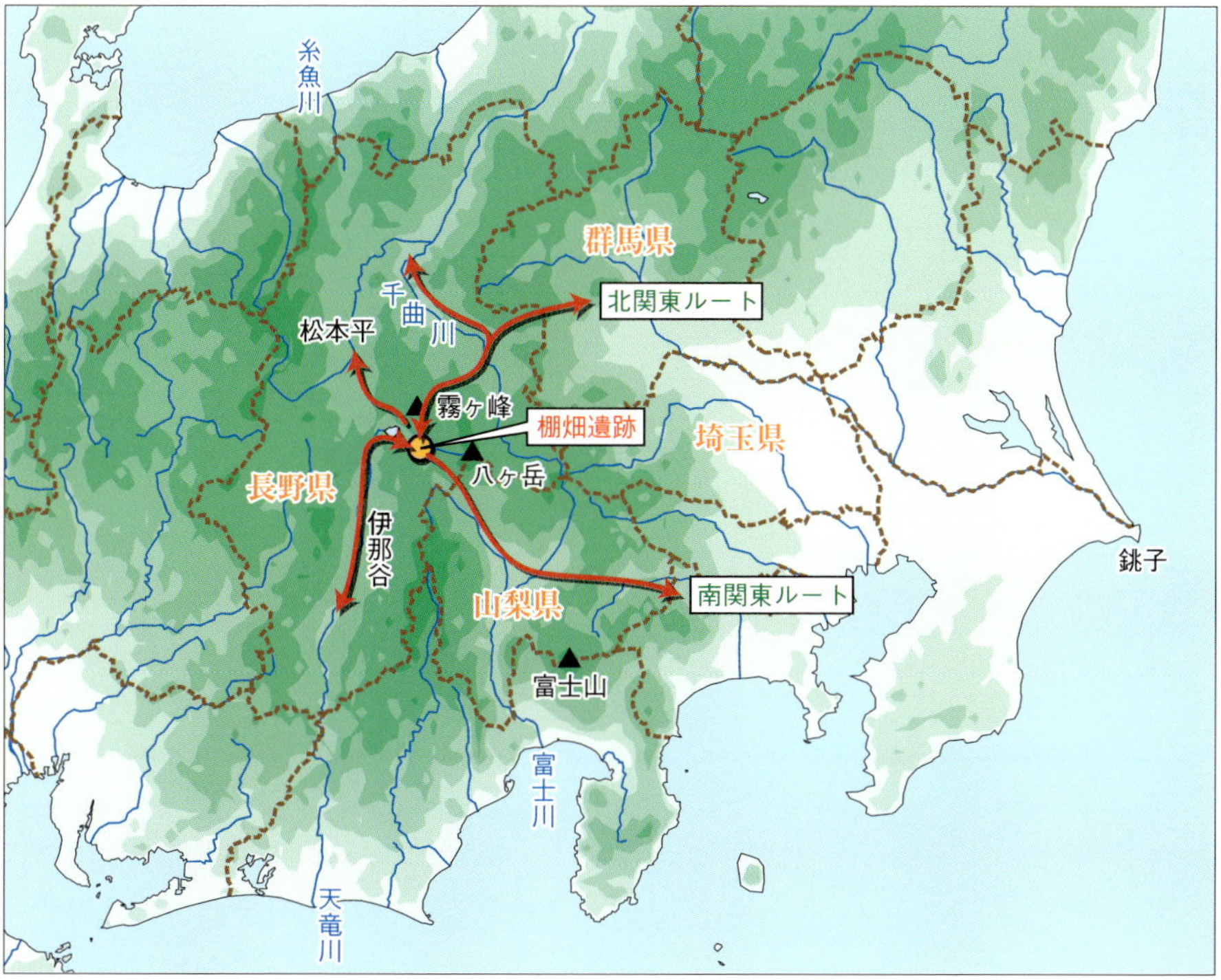

図 46 ● 広域のつながりとルート
北八ヶ岳をこえて北関東へ、八ヶ岳山麓から甲府盆地を経て南関東や静岡方面へ、上川の下流から伊那谷を経て東海方面へ、諏訪盆地から松本平を経て日本海方面へと、大河川の水源地のごとく、霧ヶ峰南麓から黒曜石が各地に供給された。

される地域で黒曜石の需要が高まったためではないかと考えられる。

近年の黒曜石原産地分析の進展で、信州産黒曜石の移動経路についての研究が進められている。霧ヶ峰南麓を始点とすると、黒曜石供給先は、山梨県や関東方面が中心であったと考えられる。文化庁の建石徹《たていしとおる》・同志社大学の津村宏臣《つむらひろおみ》は、時期別の関東地方への信州産黒曜石の搬入路モデルを、つぎのように示している。

それによると、信州産黒曜石の搬入路は、（1）前期前半（霧ヶ峰南麓で最初の流通拠点が成立するころ）は群馬県経由、（2）前期後半（諸磯《もろいそ》式期）は群馬県経由・山梨県経由の二ルート、（3）前期末から中期初頭は山梨県経由、（4）中期前半（勝坂《かつざか》・阿《あ》玉台《たまだい》式前半期）は両ルート、（4）中期前半（勝坂・阿玉台式後半期）は山梨県経由、（5）中期後半も引き続き山梨県経由、としている。

そして、前期末・中期初頭の前後に大きな画期があり、この時期以降、信州産黒曜石も含め、黒曜石供給のネットワークがより強化されたと考察している。

前期末から中期初頭前後に信州産黒曜石の供給ネットワークが強化されたとみられることは、この時期に八ヶ岳山麓の台地上に遺跡が広く進出してくること、そして霧ヶ峰南麓の西群に棚畑遺跡が成立し、拠点として営まれる動向とも関係していると推察され、この時期以降、中期を通じて山梨県・関東方面に安定した供給が図られるようになったのであろう。

棚畑遺跡に縄文ビーナスが生まれた背景には、こうした黒曜石集散地での広域的な流通活動の拠点という性格があるものと考えられるのである。

第４章　縄文ビーナスのまつり

1　縄文人の願い

日本列島で一万年以上もの長い時代が続いた縄文時代。その初めから終わりまで、全国各地でさまざまな多くの土偶が作られた。その発見数は、現在までに約一万五〇〇〇点といわれている。それらは縄文文化を特徴づける特別な造形品ゆえに、早くから研究者に注目され、多くの人びとを魅了してきた。しかし、土偶が何のために作られ、縄文人の生活のなかでどんな役割を果たしたかということについては、いくつもの説があって謎の多い遺物である。

主な仮説は、一つは、遺跡から出土する土偶の大半が欠損、というよりは手足、頭、胴などがばらばらに破壊・分散されていることから、周囲の親しい人の病気やけがの回復を願う「身代わり説」である。二つめには、土偶のほとんどが女性像で、しかも、妊娠した女性の姿をとることから、出産や豊饒、繁栄を祈る「地母神《じぼしん》信仰説」といったことがよく知られている。

それならば、棚畑の縄文人たちは、何を願って縄文ビーナスを作ったのか。ふくよかな乳房をもち、加えてその最大の特徴は、大きく張り出した腹部にある。X線写真の観察では、骨格となる腹部にとくに粘土を厚く貼って、おなかのふくらみを強調しているのである。ほかの土偶でも腹部の大きく張ったものが目立つが、縄文ビーナスほど見事で美しいおなかを表現したものは、ほかに例があろうか。まさに妊娠した女性像である。そして、全体の豊かなプロポーション、恍惚感を秘めた表情などを合わせて、それは縄文人の生きる喜びがあふれている土偶といえる。

生まれてくる新しい生命への母と棚畑集落の人びとの期待、生まれてきたその子の健やかな成長と子孫の繁栄を祈る縄文人の願いが、縄文ビーナスには強くこめられているのであろう。

2 集いのシンボル

縄文のまつり

棚畑遺跡は霧ヶ峰の南麓に位置していた。黒曜石の一大集散地域のなかで、枢要な拠点集落の一つであった。集落のなかには、大勢の人びとが集ったであろう大型住居もあった。おそらく黒曜石や石鏃を求めて、絶えず各地から縄文人が棚畑集落を訪れたにちがいない。

多くの人びとが集い、そのことが二度、三度と回を重ねると、彼らの間には感謝と喜びを共有する感情が生まれただろう。そして、そこに「まつり」という行為が営まれ、そのシンボルとして、何かが求められる。縄文人の「信仰」のひとつの姿だろう。私の考古学仲間である三上徹也は、「土中より甦ったビーナス—縄文人のコスモロジー—」というエッセイで、棚畑遺跡と縄文ビーナスについて、示唆に富んだ意見を語っている。いま、そのなかの一部を、少々長くなるが引用させてもらう。

小さい土偶は、手のひらの中にすっぽりと収まる。中位の土偶は片手に載るくらいあり、大きな土偶は両手で抱えなければ持つことができない。大雑把《おおざっぱ》にいうと大きさにはそのくらいの違いがある。となると、小さなものは個人的に大切にされ、中位のものは家の中に置かれて、その家族やムラの人の目に触れることができる。というような区別ができるように思われる。大きな土偶は集落の真ん中に置かれて、多くの人々の目を引くことが十分可能であったに違いない。

茅野市棚畑《たなばたけ》遺跡から出土した〝縄文のビーナス〟は、その大きな土偶に相当する。そこに「超」をつけて超大型土偶と称されることもある。この土偶の異様さは、大きさばかりではない。その姿形・技法や表現など、多くの点で異彩を放つ。（中略）

大型土偶は数が少なく、超と付くものはそれこそ少ない。そして縄文のビーナスは一つとして同じ「ような」つくりのものがないと言い切れる。素晴らしい土器をたくさん作り上げた縄文人にして、一個きりなのである。この特別仕立てはどこが違うか。顔や頭の表現、文様を施し上げた非常に鋭利な工具、豊かな腹や尻、いずれも小型や中型の土偶にはない。そもそも使った粘土自体、特別だった疑いがある。含まれる雲母の量にもよるのであろうか。暗がりで明かりを当てると不思議な輝きさえ発する。（中略）

こうした土偶が夕暮れ時、集落の中央でかがり火に照らされ、浮かび上がる姿を見た人々の興奮を推し量ることは容易である。そこに集まった人々は、もちろん棚畑遺跡をはじめ近隣の集落の者、さらに南は甲府盆地、北は松本平に及ぶような、いわゆる共通の流儀や流行を好んで採用した土器（土器型式）を用いた範囲の人々、そのくらい広範囲から多くの人々が集まったに違いない。（中略）

何のために人々は遠くから集まったのだろう。連帯の確認はもちろんであろうが、情報や物資の交換、豊饒《ほうじょう》祈願や感謝の祝いもあったかもしれない。しかし、男女の出会いの機会であった意義が一番であった気がしてならない。中部高地にいかに縄文人の数が多かったとはいえ、当時のムラの規模は大きくともせいぜい二十〜三十人であったと考えられる。とすると結婚適齢期にある成人がそのムラの中だけで、どれくらいいたであろうか。運良く相応の年齢の男女がいたとしても、血の濃い交わりは回避されたに違いない。となると、出会いの場は不可欠だ。意気のあったカップルは夫婦となり、やがて文化の「礎」となる生命を生む。新しい生命の誕生こそ、縄文人共通の切なる願いだったに違いない。その象徴・シンボルに、命を生み出す女性の神こそ似つかわしい。（中略）

その点でビーナスは多くの土偶とは異なる。象徴は壊されるなどということは決してされない。最後まで大切にされ、手厚く埋納されたのである。

広い地域とのつながり

ここで、集った人びとの広がりについて考えてみよう。前章でみてきたように、棚畑遺跡に縄文人が集うシンボルとして縄文ビーナスが生まれた背景には、黒曜石集散地での広域的な流通活動の拠点という性格があるものと考えられる。

北山浦の中央部を八ヶ岳や霧ヶ峰の水を集めて流れる上川は、諏訪湖に注ぐ最大河川の一つであり、その上流域にあるいくつかの北八ヶ岳の峠をこえて、千曲川上流の佐久地方から、さらにその先の北関東地方へのルートにも通じている。また、甲府盆地を経て八ヶ岳山麓へ入った文化は、この北山浦の地へ行き着いて定着したであろう。一方、伊那谷や松本平から諏訪盆地を経た文化も、北山浦にはどこよりもいち早く流入したにちがいない（図46参照）。

それらの多様な文化がこの地で交流した様相は、土器型式などの分析で明らかにすることができる。

棚畑遺跡から出土した土器は、棚畑集落の全盛期、中期中葉の土器（図16参照）をみると、長野県の東信地方や諏訪盆地、上伊那、松本平に分布している焼町土器（図47）あるいは新巻類型と呼ばれる異系統の影響を強く受けた土器の存在が注目される。また、瀬戸内地方を中心に分布する船元《ふなもと》式土器や、北陸地方を中心に分布する新崎《にんざき》式土器もある。

中期後葉でも、八ヶ岳山麓が源郷土といわれる曽利式土器（図48）がつねに優勢かと思えばそうでもない。諏訪盆地から松本平・伊那谷に分布する梨久保B式土器（図49）・唐草文系土器（図50）、関東地方を中心に分布する加曽利E式土器（図51）が出土している。これらの土器

図 47 ●**焼町系土器**
隆起線による曲線的な文様構成が発達し、胴部に複雑な曲線区画を設け、環状突起を貼りつけている。（119 号住居址出土。口径 26.5cm、高さ 40.8cm。中期中葉Ⅲ期）

図 48 ● **曽利式土器**
口縁部は斜状沈線が内側の口唇部まで施されている。胴部は条線状の沈線の地文を施し、その上に細い粘土紐を貼りつけている。本土器は底部を欠く。
（10 号住居址出土。口径 37.8cm、高さ 37.5cm。中期後葉Ⅱ期）

図 49 ●**梨久保 B 式土器**

口縁部に大小の突起をもち、胴部が 3 段にくくれる大型の深鉢。捻りのある垂下隆帯で縦に 4 分割し、口縁部と胴部は平行沈線上に細い粘土紐を貼りつけて格子目状の文様を構成している。本土器は底部を欠く。（41 号住居址出土。口径 34cm、高さ 65cm。中期後葉 I 期）

図 50 ● 唐草文土器
ヘラで八の字状の文様の地文を施し、隆帯による渦巻文をもつ大柄な文様が絡まるように構成されている。住居出入り口部の埋甕に使われていて、口縁部を欠き、底が打ち抜かれている。（72 号住居址出土。高さ 31.5cm。中期後葉Ⅱ期）

図 51 ● **加曽利 E 式系土器**
口縁部は隆帯で長方形に区画され、部分的に渦巻文が施されている。頸部は横帯で無文。胴部は沈線で区画し、中央に蛇行沈線を配している。地文は縄文で口縁部と胴部に施文されている。本土器は底部付近を欠く。(25 号住居址出土。口径 23.2cm、高さ 37cm。中期後葉Ⅱ期)

は中期後葉を通じ、時期によって優劣、盛衰に異なりがあるが、むしろ全体としては唐草文系土器優勢の諏訪盆地に近いあり方を示している。また、加曽利Ｅ式土器を含む割合も、八ヶ岳山麓のほかの遺跡にくらべて多いのも特徴的である。こうした土器群のあり方は、棚畑遺跡が他地域との交流を活発におこなっていた証《あか》しであり、それは霧ヶ峰の良質な黒曜石の交換経済を一つの基盤としていたことも、また確かなことである。

さらにいえば、搬入された物資が残されて遺物として確認できるのは石器や土器などしかないが、実際には多くの村人が暮らすのに十分な食料品など、日常生活に必要な物資も相当量もたらされていたはずである。

とくに山国の八ヶ岳山麓では、塩の類いは海辺の縄文人との交換に頼っていただろう。棚畑遺跡から出土した翡翠は新潟県糸魚川《いといがわ》、琥珀は千葉県銚子《ちょうし》が原産地としてわかっており、糸魚川や銚子には、翡翠・琥珀を原材に縄文人が装飾品を作った遺跡がある。そうした翡翠や琥珀の装飾品が棚畑遺跡で出土するということは、それらの品物とともに、海辺の海藻や魚介の干物、あるいは塩など海産物がはるばる運ばれてきたと考えて何ら不思議はない。日常生活に必須の海の特産品が、黒曜石が運ばれる道を逆にたどってもたらされたと考えられる。

広い地域の縄文人のつながりのなかから、八ヶ岳山麓をこえた地域間交流のシンボルとして、特別仕立ての土偶である縄文ビーナスが生まれた。棚畑遺跡の縄文ビーナスは、こうして八ヶ岳西南麓の縄文人の間で生き続け、五〇〇〇年を経たいまも、その輝きを失うことのない歴史遺産なのである。

第5章　縄文人のこころを伝える

1　国宝選定と世界への発信

縄文ビーナスは、一九九五年六月一五日、国宝として官報告示された。その国宝の指定を受けて、文化庁の原田昌幸文化財調査官は『月刊文化財』の誌上で、つぎのようなコメントをつけて縄文ビーナスを紹介している。

国宝の土偶は、この中期土偶の造形を、余すところなく、最も丹精に表現した代表的な作品である。しかも、ほとんどの土偶がばらばらに壊された状態で出土するにもかかわらず、完全な形で、あたかも再生を願うかのように、土壙に安置された状態で出土した。

この土偶は、縄文時代の遺物としては最初の国宝であり、まさに「縄文のビーナス」の愛称にふさわしい品格と、気品を兼ね備えた、人間味溢れる素直さをもっている。

さて、文化庁は文化の国際交流を積極的に進めるため、縄文文化を海外で紹介する展示会を開催している。縄文ビーナスは、その旗頭としてこれまでに三回海を渡った。最初は一九九〇年にアメリカ・ニューヨークのＩＢＭギャラリーでの「日本陶磁の源流展」、続いて一九九八年のフランス・パリ日本文化会館での「縄文展」、そして昨年（二〇〇九年）、イギリスの大英博物館での「土偶展」である。

このように、縄文ビーナスは、縄文文化を世界に発信する大きな役割を担い、見学した世界の多くの人びとの心に深い感動を与えた。たとえばフランスの「縄文展」で現地に駐在した原田昌幸は、「ビーナス、こちらで大変な人気です。ポスターは地下鉄駅・車内至るところに貼られ、それが良く盗まれる＝人気あるとのこと」のエピソードをそえて、縄文に対する人びとの関心の高さを伝えてきた。

そして二〇〇九年に、今度はイギリスの大英博物館で、「THA POWER OF DOGU」と題して開催された展示会に、棚畑遺跡に近い中ッ原遺跡で発見された「仮面の女神」（図52）と愛称される重要文化財の土偶などとともに展示され、八万人近い欧米各国の人びとがみつめ、大いに縄文文化のすばらしさを世界に発信した。

大英博物館での大きな仕事を終えた縄文ビーナスが帰国し、その記念展として開催された東京国立博物館での「国宝土偶展」も好評であった。こうして、縄文ビーナスは、国の内外を問わず人びとに大きな感動を与えて、いまはまた本拠の尖石縄文考古館で多くの来館者に感動を与えている。

図 52 ●**仮面の女神**
棚畑遺跡の東約 4km にある中ッ原遺跡から 2000 年に出土した縄文後期前半の土偶。2006 年に国重要文化財に指定された。(高さ 34㎝)

2　縄文プロジェクト構想

縄文ビーナスが出土した茅野市は、八ヶ岳の美しく豊かな自然を舞台に縄文文化の繁栄した土地である。こうした縄文遺跡の宝庫に育ち、いち早く尖石遺跡の発掘研究に取り組んだのが名誉市民の宮坂英弌であった。

宮坂の尖石遺跡の発掘や研究拠点となった考古館の活動を通じ、縄文遺跡を大切にする茅野市の個性が形成されてきた。その伝統の上に立ち、茅野市はこれからも縄文文化をいかしたまちづくり、人づくりを進めようとしている。

茅野市は今年（二〇一〇年）三月に「縄文プロジェクト構想―茅野市民プランのより力強い推進に向けて―」をまとめた。世界に誇る郷土の宝である縄文文化を、ふだんの市民生活のなかで普遍化し、まちづくり、人づくりにいかそうというのが趣旨である。

そして、それを「ひとが輝く縄文」「みどりが輝く縄文」「まちが輝く縄文」の三つの目標から進めようとしている。

「ひとが輝く縄文」では、子どもから大人まですべての市民が、自分たちの住んでいるこの土地に、尖石遺跡や縄文ビーナスなどの国の象徴的な文化財が多数存在している事実を知り、その文化財の価値や意義を正しく理解すること、とくに子どもたちに縄文文化の価値を伝えていくとしている。

「みどりが輝く縄文」では、縄文文化の繁栄を支え、かつこの土地の人びとの生活の基盤をなしてきた八ヶ岳の自然と景観を保全する。また、食料や生活物資など資源を大切にし、地球温暖化防止に向け、自然や環境に優しい、循環型のまちづくりをおこなうとしている。

「まちが輝く縄文」では、縄文文化の繁栄したこの土地の特質をいかして発展してきた伝統文化や産業を育成し、地場産品による食の提供などを産業振興にとり入れる、清らかな空気や水、温泉や高原地の特性を観光づくりにいかす、縄文人の暮らした環境を健康という視点からまちづくりにいかすとしている。

縄文文化に学び、市民生活にいかそうとするまちづくりは、大きくいえば地球環境の回復や人類繁栄への課題解決につながるまちづくりであると思う。「縄文」をいかした茅野市のまちづくり、人づくりに期限はない。長い時間がかかるであろうが、その第一歩をこの縄文プロジェクト構想によってしるそうとするのである。

図 53 ● 混声合唱曲「縄文のビーナス」の大合唱
茅野市 5000 年祭尖石縄文考古館オープニングフェスティバルで、750 人の大合唱団によるコーラスが尖石遺跡の森にこだました。

主な参考文献

鳥居龍蔵『有史以前の跡を尋ねて』雄山閣、一九二五

藤森栄一『かもしかみち』学生社、一九六七

米沢考古学クラブ『古道—霧ガ峰南部における先史時代の黒耀石運搬ルートと考えられる古道の調査—』一九七三

長崎元廣「縄文の黒曜石貯蔵例と交易」『中部高地の考古学』Ⅲ、長野県考古学会、一九八四

茅野市教育委員会『高風呂遺跡』一九八六

宮坂虎次「第一編原始　第二章縄文時代　第一節蓼科・霧ヶ峰山麓の遺跡」『茅野市史』上巻、茅野市、一九八六

櫛原功一「考古学におけるX線の利用法—土製品への応用—」『帝京大学山梨文化財研究所報』六、一九八八

茅野市教育委員会『棚畑—八ヶ岳西山麓における縄文時代中期の集落遺跡—』一九九〇

鵜飼幸雄「八ヶ岳山麓における縄文中期の軽石製品」『中部高地の考古学』Ⅳ、長野県考古学会、一九九四

原田昌幸「国宝土偶」『月刊文化財』七、一九九五

原田昌幸『日本の美術　土偶』至文堂、一九九五

長野県教育委員会文化財保護課『大規模開発事業地内遺跡』長野県教育委員会、一九九七

小林康男「長野県の中期土偶」『土偶研究の地平—「土偶とその情報」研究論集（2）—』勉誠社、一九九八

櫛原功一「山梨県の縄文時代中期土偶—有脚立像土偶の出現をめぐって—」『土偶研究の地平—「土偶とその情報」研究論集（2）—』勉誠社、一九九八

今福利恵「中部高地の縄文中期前半における土偶の基礎的把握」『土偶研究の地平—「土偶とその情報」研究論集（2）—』勉誠社、一九九八

谷口康浩「土偶型式の系統と土器様式—勝坂系土偶伝統と中期土器様式との関係—」『土偶研究の地平—「土偶とその情報」研究論集（2）—』勉誠社、一九九八

三上徹也「土中より甦ったビーナス—縄文人のコスモロジー—」『地域文化』六二、八十二文化財団、二〇〇二

茅野市教育委員会『大六殿遺跡・駒形遺跡』二〇〇二

勅使河原彰『原始集落を掘る・尖石遺跡』新泉社、二〇〇四

建石徹・津村宏臣「関東周辺における縄文時代の黒曜石搬入路の復原—原産地推定と空間情報科学の融合—」『日考古学協

会第七一回総会研究発表要旨』日本考古学協会、二〇〇五
高田和徳『縄文のイエとムラの風景・御所野遺跡』新泉社、二〇〇五
土肥孝「縄文時代の葬送儀礼―縄文中期以降の土偶を伴う葬送儀礼―」『新尖石縄文考古館開館五周年記念考古論文集』茅野市尖石縄文考古館、二〇〇六
長野県埋蔵文化財センター『駒形遺跡』二〇〇七
平林彰・上田典男・贄田明「黒曜石原産地直下における集落の様相―茅野市駒形遺跡の発掘調査成果から―」『日本考古学協会第七四回総会研究発表要旨』日本考古学協会、二〇〇八
功刀司「住居跡出土の軽石製・土製儀器」『考古学ジャーナル』五七八、二〇〇八
北杜市教育委員会『山梨県北杜市梅之木遺跡』Ⅶ、二〇〇八
下諏訪町教育委員会『長野県下諏訪町黒耀石原産地遺跡分布調査報告書』Ⅱ、二〇〇八
井戸尻考古館『井戸尻発掘五十周年記念講演録集』富士見町教育委員会、二〇〇九
岡村道雄『日本の美術　縄文人の祈りの道具』至文堂、二〇〇九
茅野市・茅野市教育委員会『縄文プロジェクト構想―茅野市民プランのより力強い推進に向けて―』二〇一〇

協力者

太田敬吾、功刀司、小池岳史、佐野隆、原田昌幸、守矢昌文、矢嶋秀一、山科哲

写真提供

茅野市尖石縄文考古館：図1～7・13・14・16～19・25～27・30～34・36～41・47～53
長野日報社：図9・11

図版出典

図8：勅使河原二〇〇四より作図、図10：北杜市教育委員会二〇〇八より作図、図15・20～24・28・29・44：茅野市教育委員会一九九〇より作図、図42：米沢考古学クラブ一九七三より作図（下図は国土地理院五万分の一地形図「諏訪」）

上記以外は著者

棚畑遺跡

・長野県茅野市米沢埴原田
・交通　JR茅野駅より車で約15分
遺跡地横の市道に面した工場敷地の一角に、国宝土偶の出土地を伝える棚畑遺跡の碑がある。縄文ビーナスをはじめとする出土遺物は、尖石縄文考古館に収蔵展示されている。

棚畑遺跡碑

茅野市尖石縄文考古館

・長野県茅野市豊平4734—132
・開館時間　9：00～17：00（入館16：30まで）
・休館日　月曜日（休日の場合は翌火曜）、年末年始（12月29日～1月3日）
・入館料　大人500円、高校生300円、小・中学生200円
・交通　JR茅野駅より奥蓼科渋の湯行バスで「尖石縄文考古館前」下車。所要時間約20分。車で、中央自動車道諏訪インターチェンジ、諏訪南インターチェンジから約25分。
特別史跡尖石遺跡および与助尾根遺跡の復元住居をふくむ史跡公園のなかにある。宮坂英式の尖石遺跡発掘、国宝土偶「縄文ビーナス」と重要文化財土偶「仮面の女神」、八ヶ岳山麓出土の縄文中期の豪壮な土器群や黒曜石の精巧な石器などが多数展示されている。また、学習コーナーがあり、ビデオの視聴や図書の閲覧だけでなく、土器づくりなどの体験学習もできる。

中ッ原縄文公園

・長野県茅野市湖東
・交通　JR茅野駅より車で約20分
蓼科に向かうビーナスライン沿いの中ッ原縄文遺跡の場所にある。重要文化財土偶「仮面の女神」の出土状況や八本柱の方形柱穴列など、縄文時代後期の遺構が復元され公開されている。

茅野市尖石縄文考古館

刊行にあたって

「遺跡には感動がある」。これが本企画のキーワードです。

あらためていうまでもなく、専門の研究者にとっては遺跡の発掘こそ考古学の基礎をなす基本的な手段です。また、はじめて考古学を学ぶ若い学生や一般の人びとにとって「遺跡は教室」です。

日本考古学では、もうかなり長期間にわたって、発掘・発見ブームが続いています。そして、毎年厖大な数の発掘調査報告書が、主として開発のための事前発掘を担当する埋蔵文化財行政機関や地方自治体などによって刊行されています。そこには専門研究者でさえ完全には把握できないほどの情報や記録が満ちあふれています。しかし、その遺跡の発掘によってどんな学問的成果が得られたのか、その遺跡やそこから出た文化財が古い時代の歴史を知るためにいかなる意義をもつのかなどといった点を、莫大な記述・記録の中から読みとることははなはだ困難です。ましてや、考古学に関心をもつ一般の社会人にとっては、刊行部数が少なく、数があっても高価なその報告書を手にすることすら、ほとんど困難といってよい状況です。

いま日本考古学は過多ともいえる資料と情報量の中で、考古学とはどんな学問か、また遺跡の発掘から何を求め、何を明らかにすべきかといった「哲学」と「指針」が必要な時期にいたっていると認識します。

本企画は「遺跡には感動がある」をキーワードとして、発掘の原点から考古学の本質を問い続ける試みとして、日本考古学が存続する限り、永く継続すべき企画と決意しています。いまや、考古学にすべての人びとの感動を引きつけることが、日本考古学の存立基盤を固めるために、欠かせない努力目標の一つです。必ずや研究者のみならず、多くの市民の共感をいただけるものと信じて疑いません。

監　修　戸沢　充則

編集委員　勅使河原彰　小野　昭
小野　正敏　石川日出志
小澤　毅　佐々木憲一

著者紹介

鵜飼幸雄（うかい　ゆきお）

1954年、長野県茅野市生まれ。立正大学文学部史学科考古学専攻卒業。

現在、茅野市尖石縄文考古館館長。

主な著作「八ヶ岳西山麓における縄文時代中期の領域について」（『信濃』33-4）、「尖石の発掘と宮坂英弌の考古学」（『尖石』学生社）、「宮坂集落論の始まりと本質」（『尖石発掘記』尖石縄文考古館）、「八ヶ岳山麓の弥生人」（『新尖石縄文考古館開館5周年記念考古論文集』尖石縄文考古館）ほか

シリーズ「遺跡を学ぶ」071

国宝土偶「縄文ビーナス」の誕生・棚畑《たなばたけ》遺跡

2010年8月15日　第1版第1刷発行

著　者＝鵜飼幸雄

発行者＝株式会社 新 泉 社
東京都文京区本郷2-5-12
振替・00170-4-160936番　TEL03(3815)1662／FAX03(3815)1422
印刷／萩原印刷　製本／榎本製本

ISBN978-4-7877-1041-3　C1021

シリーズ「遺跡を学ぶ」

A5判／96頁／定価各1500円＋税

第Ⅰ期（全31冊完結・セット函入46500円＋税）

01 北辺の海の民・モヨロ貝塚　米村衛
02 天下布武の城・安土城　木戸雅寿
03 古墳時代の地域社会復元・三ツ寺Ⅰ遺跡　若狭徹
04 原始集落を掘る・尖石遺跡　勅使河原彰
05 世界をリードした磁器窯・肥前窯　大橋康二
06 五千年におよぶムラ・平出遺跡　小林康男
07 豊饒の海の縄文文化・曽畑貝塚　木﨑康弘
08 未盗掘石室の発見・雪野山古墳　佐々木憲一
09 氷河期を生き抜いた狩人・矢出川遺跡　堤　隆
10 描かれた黄泉の世界・王塚古墳　柳沢一男
11 江戸のミクロコスモス・加賀藩江戸屋敷　追川吉生
12 北の黒曜石の道・白滝遺跡群　木村英明
13 古代祭祀とシルクロードの終着地・沖ノ島　弓場紀知
14 黒潮を渡った黒曜石・見高段間遺跡　池谷信之
15 縄文のイエとムラの風景・御所野遺跡　高田和徳
16 鉄剣銘一一五文字の謎に迫る・埼玉古墳群　高橋一夫
17 石にこめた縄文人の祈り・大湯環状列石　秋元信夫
18 土器製塩の島・喜兵衛島製塩遺跡と古墳　近藤義郎
19 縄文の社会構造をのぞく・姥山貝塚　堀越正行
20 大仏造立の都・紫香楽宮　小笠原好彦
21 律令国家の対蝦夷政策・相馬の製鉄遺跡群　飯村均
22 筑紫政権からヤマト政権へ・豊前石塚山古墳　長嶺正秀
23 弥生実年代と都市論のゆくえ・池上曽根遺跡　秋山浩三
24 最古の王墓・吉武高木遺跡　常松幹雄
25 石槍革命・八風山遺跡群　須藤隆司
26 大和葛城の大古墳群・馬見古墳群　河上邦彦
27 南九州に栄えた縄文文化・上野原遺跡　新東晃一
28 泉北丘陵に広がる須恵器窯・陶邑遺跡群　中村浩
29 東北古墳研究の原点・会津大塚山古墳　辻秀人
30 赤城山麓の三万年前のムラ・下触牛伏遺跡　小菅将夫
別01 黒耀石の原産地を探る・鷹山遺跡群　黒耀石体験ミュージアム

第Ⅱ期（全20冊完結・セット函入30000円＋税）

31 日本考古学の原点・大森貝塚　加藤緑
32 斑鳩に眠る二人の貴公子・藤ノ木古墳　前園実知雄
33 聖なる水の祀りと古代王権・天白磐座遺跡　辰巳和弘
34 吉備の弥生大首長墓・楯築弥生墳丘墓　福本明
35 最初の巨大古墳・箸墓古墳　清水眞一
36 中国山地の縄文文化・帝釈峡遺跡群　河瀬正利
37 縄文文化の起源をさぐる・小瀬ヶ沢・室谷洞窟　小熊博史
38 世界航路へ誘う港市・長崎・平戸　川口洋平
39 武田軍団を支えた甲州金・湯之奥金山　谷口一夫
40 中世瀬戸内の港町・草戸千軒町遺跡　鈴木康之
41 松島湾の縄文カレンダー・里浜貝塚　会田容弘
42 地域考古学の原点・月の輪古墳　近藤義郎・中村常定
43 天下統一の城・大坂城　中村博司
44 東山道の峠の祭祀・神坂峠遺跡　市澤英利
45 霞ヶ浦の縄文景観・陸平貝塚　中村哲也
46 律令体制を支えた地方官衙・弥勒寺遺跡群　田中弘志
47 戦争遺跡の発掘・陸軍前橋飛行場　菊池実
48 最古の農村・板付遺跡　山崎純男
49 ヤマトの王墓・桜井茶臼山古墳・メスリ山古墳　千賀久
50 「弥生時代」の発見・弥生町遺跡　石川日出志

第Ⅲ期（全25冊　好評刊行中）

51 邪馬台国の候補地・纒向遺跡　石野博信
52 鎮護国家の大伽藍・武蔵国分寺　福田信夫
53 古代出雲の原像をさぐる・加茂岩倉遺跡　田中義昭
54 縄文人を描いた土器・和台遺跡　新井達哉
55 古墳時代のシンボル・仁徳陵古墳　一瀬和夫
56 大友宗麟の戦国都市・豊後府内　玉永光洋・坂本嘉弘
57 東京下町に眠る戦国の城・葛西城　谷口榮
58 伊勢神宮に仕える皇女・斎宮跡　駒田利治
59 武蔵野に残る旧石器人の足跡・砂川遺跡　野口淳
60 南国土佐から問う弥生時代像・田村遺跡　出原恵三
61 中世日本最大の貿易都市・博多遺跡群　大庭康時
62 縄文の漆の里・下宅部遺跡　千葉敏朗
63 東国大豪族の威勢・大室古墳群（群馬）　前原豊
64 新しい旧石器研究の出発点・野川遺跡　小田静夫
65 旧石器人の遊動と植民・恩原遺跡群　稲田孝司
66 古代東北統治の拠点・多賀城　進藤秋輝
67 藤原仲麻呂がつくった壮麗な国庁・近江国府　平井美典
68 列島始原の人類に迫る熊本の石器・沈目遺跡　木﨑康弘
69 奈良時代からつづく信濃の村・吉田川西遺跡　原明芳
70 縄紋文化のはじまり・上黒岩岩陰遺跡　小林謙一
71 国宝土偶「縄文ビーナス」の誕生・棚畑遺跡　鵜飼幸雄
別02 ビジュアル版 旧石器時代ガイドブック　堤　隆